城事在人

淄博现象
背后的城市治理与变革

魏涛_著

中信出版集团 | 北京

图书在版编目（CIP）数据

城事在人：淄博现象背后的城市治理与变革 / 魏涛著 . -- 北京：中信出版社, 2024.1
ISBN 978-7-5217-5890-0

Ⅰ.①城⋯ Ⅱ.①魏⋯ Ⅲ.①城市管理－社会管理－研究－中国 Ⅳ.① D63

中国国家版本馆 CIP 数据核字（2023）第 130674 号

城事在人——淄博现象背后的城市治理与变革
著者：　　魏　涛
出版发行：中信出版集团股份有限公司
　　　　　（北京市朝阳区东三环北路 27 号嘉铭中心　邮编　100020）
承印者：　北京通州皇家印刷厂

开本：660mm×970mm 1/16　　印张：15.75　　字数：179 千字
版次：2024 年 1 月第 1 版　　印次：2024 年 1 月第 1 次印刷
书号：ISBN 978-7-5217-5890-0
定价：68.00 元

版权所有·侵权必究
如有印刷、装订问题，本公司负责调换。
服务热线：400-600-8099
投稿邮箱：author@citicpub.com

谨以此书献给城市经济体制改革全面展开四十周年
（1984—2024年）

序　言

文明始于群居。

数万年前，人类先祖结群而居。群居利于防御、开智、繁衍。人们结为血脉相连的宗族，形成具有伦常观念和等级制度的村落，农耕文明随之兴起。然而，有些人厌倦了凿井而饮、耕田而食的生活，接连走出农村，聚集到城市，便有了城市文明。城市治理成为人类文明历史上的一个重大命题。

对城市治理的探索由来久矣。从记录道、名、法等家思想和天文、历数、经济、农业等知识的《管子》，到卡尔·马克思的《资本论》，皆有精当之论。《管子·小匡》中曰："士、农、工、商四民者，国之石民也。"管仲将百姓划分为士、农、工、商四类角色，主张其分业而居。马克思将其所处时代的"现代"进程概括为："一切发达的、以商品交换为中介的分工的基础，都是城乡的分离。可以说，社会的全部经济史，都概括为这种对立的运动。"

关于新中国城市工作的理论研究与实践，已有七十余年历史。新中国成立前夕，党的七届二中全会在西柏坡召开，会上着重讨论了把党的工作重心从乡村转移到城市的问题。1962年、1963年和1978年，中共中央、国务院先后召开三次城市工作会议，研究部署城市发展的重大问题。《国务院关于加强城市建设工作的通知》指出："城市是我国经济、政治、科学、技术、文化、教育的中心,在社会主义现代化建设中起着主导作用。城市建设是形成和完善城市多种功能、发挥城市中心作用的基础性工作。"

1984年是城市经济体制改革的一个关键年份。1984年1月1日,中共中央发出《关于1984年农村工作的通知》,指出各省、自治区、直辖市可选若干集镇进行试点,允许务工、经商、办服务业的农民自理口粮到集镇落户。同年1月5日,国务院颁布《城市规划条例》。3月,社队企业正式更名为乡镇企业;乡镇企业的兴起极大地推动了农村地区的城镇化进程,新兴小城市和集镇也随之发展起来。4月16日至25日,国家经济体制改革委员会在常州市召开城市经济体制改革试点工作座谈会,讨论了简政放权、搞活企业和计划管理体制改革等重大议题。5月4日,中共中央、国务院批转《沿海部分城市座谈会纪要》,决定进一步开放天津、上海、大连、秦皇岛、烟台、青岛、连云港、南通、宁波、温州、福州、广州、湛江、北海等14个沿海港口城市,并提出逐步兴办经济技术开发区。10月,党的十二届三中全会一致通过《中共中央关于经济体制改革的决定》,标志着我国经济体制改革的重心由农村转向城市,城市经济体制改革自此全面展开。

党的十八大以来,以习近平同志为核心的党中央抓大事、谋长远,召开中央城镇化工作会议、中央城市工作会议,针对关系全局、事关长远的问题实施了一系列重大发展战略。2023年出版的《习近平关于城市工作论述摘编》一书,分七个专题集中收录了习近平总书记的有关重要论述,掀起了学习热潮。

新冠疫情延宕了三年左右,对我国城市发展产生较大影响。

2023年年初，我国城市经济开始全面复苏，一个名不见经传的工业城市突然闯入全国人民的视野。3月起，山东淄博因烧烤火遍全国，引发了城市治理话题大讨论。随后的几个月里，淄博被网友们捧上顶峰，然后又被拽到谷底，互联网流量推动着这座城市上演了一出"过山车"式的剧情。而今，淄博话题仍在发酵，关于城市经济复苏、创城运动、基层治理的争辩不绝于耳，众说纷纭。笔者希望借淄博话题，回顾我国城市经济体制改革全面展开四十年的历程，结合有关制度与典型案例，揭示网红城市现象背后城市治理与变革的规律。

本书第一篇讨论"谁点着了淄博的火"。

淄博烧烤走红，缘起于疫情期间一个感人的故事。这个故事触动了无数网民的心灵。人们把积蓄了三年的情绪瞬间倾诉给这座陌生的三线城市，而这与长期以来山东人、山东城、山东事的良好地域口碑不无关系。在算法技术与平台利益的驱动下，数十万台服务器用百亿级流量把淄博顶上了舆论高潮。令人意外的是，在烧烤摊和菜市场爆火之余，淄博不经意间流露出的政通人和的画面，竟让诸多深陷管理、改革与转型焦虑的城市发现了愈加清晰的解题线索。

本书第二篇讨论"谁主城市沉浮"。

现在，网络流量可以让城市一夜爆红。然而，在过去的一两百年间，城市崛起的原因通常是因为坐拥自然资源，例如天然港口、山河景观、区位优势，或者亿万年前的自然遗产——煤炭、石油、矿石等。时至今日，在人才、技术、信息等生产要素的作用下，自然资源优势式微，城市资源禀赋竞争转向治理禀赋竞争。那么，治理禀赋的内涵是什么？一方面，是法治环境、文明秩序、诚信文化、公共安全与基础设施等，它们集中体现于文明城市的创建工作中；另一方面，是城市经济体制、产业生态和发展环境形成的人才吸引力、产业发展质量以及经济多样化水平等，它们反映在城市管理者的领导能力和智慧之中。当前的淄博，让人们看到了一个城市从资源禀赋向治理禀赋转型所做的努力。当然，这里说的转型，并不是网上争论的产业转型，而是城市战略与发展方式的转型。

本书第三篇讨论"淄博做对了什么"。

人们对城市问题的焦虑与困惑，在淄博得到了宽慰。总的来说，淄博审时度势，踏准疫情后经济复苏的节拍，勇于探索城市发展的新领域、新方式，以辩证的智慧"把对的事情做好"，从外部打破内部困局，基层法治建设与情理建设并举，借助志愿者等公益组织和创新机制推动全民参与共建、共治、共享。淄博管理者善用互联网之力，舞好了舆论的双刃剑，使互联网成为联系群众、服务于城市发展的好帮手。瞬息万变的新情况、新问题，考验着城市管理者治理的方法和协调的智慧——后者犹如弹钢琴，唯有十指协同、灵活弹奏，才能奏出华美的乐章。城市发展亦如此理。

本书第四篇讨论"城市还能做点什么"。

城市管理者应从经济多样性和民生保障的双重视角，重新审视个体的经济价值，进而完善政策引导机制，释放积极政策，保护市场上的弱势群体免受资本的"碾压"。随着城市的投资增长、人口回流、社区治理升级等重大部署持续推进，各城市应科学定位，合理争取发展资源，持续完善治理禀赋体系，培育城市的独有竞争力。

城市治理是动态变化的复杂运动，而淄博为我们探讨城市问题提供了一个良好的观察窗口。本书既分享了国内外城市治理各领域和环节的案例，也尝试在城市舆情管理、城市经济多样性、城市的良法善治、城市改革与转型等四个方面提出一些新观点，建议在城市经济体制改革全面展开四十年的新起点上，坚定改革决心，建立城市治理方法论，例如，本书强调了"触发式变革"的思路与方法。变革的启动键，通常被一次偶然事件按下，与之关联的结构因素进而被迅速激活，产生连锁反应。如同淄博一样，城市变革往往"自外部打破"，从"找碴儿"开始，在组织内部引发警报，倒逼组织成员为改善自身处境而做出变革行动——这个"找碴儿"、警报拉响与行动的过程，恰好为管理者提供了开放性极强、直达问题本质的观察与思考的机会，会演进为城市变革的动力源泉。

淄博爆火数月后，起初捧火淄博的平台算法又起唱衰之意，一篇篇写"淄博凉了""游客散了""试验败了"的相关文章陆续出现。网络算法想要以"剧情大反转"的手法再次发动舆论引擎，让资本平台获利。在笔者看来，支持"淄博凉了"等论调的朋友，或许对我国个体经济缺乏常识性了解，对疫情后城市经济复苏的路径、方法和节点缺少基本认知。所以，笔者也冀望本书能够以通俗的讲解给这场千百万人参与的大争鸣提供些许理性参考。

骐骥千里，非一日之功。城市治理是一场接力赛，久久为功。而以短期主义的目光观察淄博现象、分析城市问题，得到的结论定失公允。新发展阶段，在城市治理与改革方面，也须坚持习近平总书记对党的领导干部的明确要求，"站位要高，做事要实，既要把方向、抓大事、谋长远，又要抓准抓好工作的切入点和着力点，既要算大账总账,又要算小账细账"。①

  本书并非通俗理论读物,亦非报告文学作品,它更像两者的融合体。受制于本人的学识水平,本书定然存在瑕疵和疏漏,敬请大家批评,不吝赐教。

---

  ① 习近平:《更好把握和运用党的百年奋斗历史经验》,摘自《求是》,2022年7月1日。

目录

绪章　　闭上眼睛看淄博 / 1

　　　　城事四十年（上） / 1

　　　　城事四十年（下） / 5

　　　　闭上眼睛看淄博 / 8

第一篇　谁点着了淄博的火？ / 13

　第一章　流量一触即发 / 15

　　　　逐利的算法 / 15

　　　　话题传播是一种混沌现象 / 19

　第二章　地域口碑的红利 / 25

　　　　山东人画像 / 25

　　　　治愈之城 / 28

　第三章　戳中时代之痛点 / 32

　　　　人间烟火气 / 32

　　　　时代召唤淄博 / 37

第二篇　谁主城市沉浮？ / 43

　第四章　城市角逐：资源竞争转向治理竞争 / 45

　　　　失落的重工业骄子 / 45

　　　　新时代的指挥棒 / 51

　　　　矛盾的转向 / 54

第五章　"创城"背后的两难选择　/ 59

　　文明真是"罚出来"的吗？　/ 59

　　物化的人文　/ 64

　　我不是个体户（上）　/ 70

　　我不是个体户（下）　/ 77

　　淄博版《清明上河图》　/ 81

第三篇　淄博做对了什么？　/ 87

第六章　敢把对的事情做好　/ 89

　　在雷区跳舞　/ 89

　　赶好两驾马车（上）　/ 92

　　赶好两驾马车（中）　/ 95

　　赶好两驾马车（下）　/ 100

　　被误解的营商环境　/ 105

　　极简行政　/ 111

第七章　城市治理的最后一公里　/ 116

　　八大局"违建"下的民生　/ 116

　　民生无小事　/ 121

　　情理式断案　/ 127

　　街头消失的罚单　/ 132

　　全民城管　/ 136

　　志愿者行动　/ 141

第八章　舞好舆论的双刃剑　/ 146

　　把流量分发给市民　/ 146

　　釜底抽薪，还是火上浇油？　/ 152

上一个"淄博"是柳州 / 154

第九章 守住城市底线 / 160

政策连续性 / 160

诚信的蝴蝶效应 / 165

炒不动的房价 / 172

平安不夜城 / 177

第四篇 城市还能做点什么？ / 183

第十章 个体经济长尾 / 185

微观视角下的个体经济 / 185

复兴个体经济 / 190

多样性红利 / 195

站在沙县的肩膀上看世界 / 199

第十一章 触发式变革 / 205

决心是变革的基石 / 205

刍议触发式变革 / 211

人口回流之势 / 214

城市命运共同体 / 221

后记 城事在人 / 228

第二把火 / 228

城市，究竟是谁的城市？ / 232

绪章　闭上眼睛看淄博

城事四十年（上）

　　任何关于城市话题的讨论，都绕不开古希腊。古希腊城邦是公认的人类城市雏形，其规模小至千人，大至数十万人。古希腊城邦是一种类似于"国家"的政治形态，范围包括市民生活聚集区、商贸聚集区及其周边群落。雅典是古希腊城邦之一，雅典的民主政治制度曾被恩格斯称为"最纯粹、最典型的国家形态"。

　　我国古代较早定义"城市"并提出城市发展主张的人是管仲。《管子·度地》中记载："内为之城，城外为之郭。""城"主要用于防卫，"市"则用于交易。《管子·小匡》曰："处商必就市井。"专门用来交易买卖的场所即为"市"。

　　春秋时期，管仲居住的临淄与古希腊的雅典城市发展水平相当。临淄城以工商业发达闻名。《史记·货殖列传》中记载："临淄亦海岱之间一都会也。"管仲任齐国相，大力发展盐铁业，实行优惠政策，鼓励对外贸易，使得临淄财力充足，市场繁荣，人口超过了二十万人。《管子·大匡》中提出的"凡仕者近宫，不仕与耕者近门，工贾近市"，即按职业进行城市布局，讲究实用性与经济性，至今仍有很高的借鉴价值。

回顾几千年的人类文明史，人类大概经历了三次具有里程碑意义的大规模城市建设运动。

最早的一次大规模城市建设运动发生于"轴心时代"。公元前800年至公元前200年，东西方相继诞生了一大批人类先贤——古希腊的苏格拉底、柏拉图，古印度的乔达摩·悉达多，中国的老子、孔子、墨子等。在这些精神导师的引领下，人类开始以理智和道德的方式构建社会秩序。德国学者卡尔·雅斯贝斯在《历史的起源与目标》中将这一时期称为"轴心时代"。

在这个时期，世界各地相继诞生了不同的城市类型，大致包括古希腊奴隶主、贵族及自由民文化推动兴起的城邦，春秋战国时期嫡长子继承制与分封制文化推动建立的城邑，以及佛教、犹太教文化推动兴起的宗教城堡。其中比较典型的是古希腊城邦。

2000多年前，古希腊城邦依靠国际贸易，创造出以奥林匹克体育竞技、公共政策辩论会和大型演出为特色的城邦文明，其中具有代表性的音乐、歌舞和悲喜剧至今仍被奉为经典。春秋战国时期，中国迎来了百家争鸣、百花齐放的局面和历史上的一次文化盛世。相比之下，古希腊的西方商业文明较早地打破了家庭生产方式，出现了商品生产和经营的集中，形成了城邦制度。自古希腊城邦出现以来，西方人开始探索城市治理之道。移民的出现和商业文明的发展使得欧洲形成了新市民阶层——他们通过武力夺取政权，推翻贵族的独裁统治。一些城邦开始进行政治改革，梭伦改革就是一个典型的例子。

古希腊人梭伦早年从事贸易，与商旅人士交往甚密。他反对贵族专权，同情平民，主张在城邦中实行公正立场，以城邦利益为重。公元前594年，梭伦以其威望和功绩当选为雅典城邦的"执政兼仲裁"（执政官），开始进行一系列经济、政治和社会改革。在梭伦改革中，公民的等级按照经济能力重新划分，公民大会在政治中真正有了一席之地——四百人会议被升为常设机构，取代了原本贵族会议的部分权力。梭伦改革还规定了每个人所占土地的限额，有效规避了地主的产生，保障了下层民众的权利。

第二次大规模城市建设运动发生于工业革命时期。工业化的兴起推动了欧洲的城市化进程。在工业革命之前，受到生产方式和社会制度等条件的制约，城市化进展比较缓慢。19世纪是欧洲实现工业化和城市化的黄金时期。当时，欧洲的经济和科技实力不断提升，汽车、电力、轻工业和重工业迅速发展，各种机器和设备广泛投入应用，为工业化和城市化打下了坚实基础。与此同时，欧洲的人口也在不断增长，城市规模不断扩大。

以英国为例。这一时期，英国工业高度发达，商业贸易和海外殖民活动取得了巨大的利益，小农经济被最大限度地压缩，城市不断增多，日益繁荣，分布范围也更加广泛。统治阶层和大量资本家从中获得了可观的经济利益。出于生计等原因，大量农民最终只能选择融入城市。伦敦、伯明翰、利物浦和曼彻斯特等城市在这一时期形成了现代城市的基本框架。马克思和恩格斯在《共产党宣言》中指出："资产阶级使农村屈服于城市的统治。它创立了巨大的城市，使城市人口比农村人口大大增加起来，因而使很大一部分居民脱离了农村生活的愚昧状态。"

到了1851年，英国已有一半以上的人口生活在城市，成为世界上第一个城市化国家。进入20世纪之后，约八成人口生活在城市，英国进入高度城市化社会。随着世界经济重心向美国转移，20世纪初，美国东北部大西洋沿岸城市群和五大湖城市群兴起。到了20世纪中后期，随着二战后日本经济的高速增长，又产生了以东京、大阪、名古屋为核心的太平洋沿岸城市群。

第三次大规模城市建设运动发生于1984年之后的中国。当欧美国家已经全面进入工业化和城市化的阶段时，我国仍处在小农经济主导的农耕社会阶段。据美国人类学教授施坚雅在《中华帝国晚期的城市》中提供的数据，明末城市人口占总人口的6%—7.5%；晚清时期，城市人口比重1840年为6.7%，1893年为8.2%；民国时期的1936年达到了11.2%，1949年为10.6%。

中西方不同的经济类型和生产方式，塑造了中西方不同的政治结构和文化秩序。国情注定了我国无法脱离农村谈城市，城市也是从农耕文明脱胎而来的。从农村到城市，由以血缘为纽带的宗族生活向以社会分工为纽带的公共生活的转变，是造成当代城市社会矛盾的主要因素之一。中国农耕社会中男耕女织的家庭生产模式，使普通民众基本上可以实现自给自足。在满足基本生活需求的情况下，民众对于生产技术和组织形式等都没有强烈的革新需求，由此形成了家族本位的独特家国文化。

20世纪70年代末，安徽凤阳小岗村村民签订"分田到户"生死状，开创了家庭联产承包责任制的先河，拉开了我国农村体制改革的序幕。当年，小岗村粮食便获得大丰收。1983年中央一号文件（《当前农村经济政策的若干问题》）明确指出："联产承包制采取了统一经营与分散经营相结合的原则，使集体优越性和个人积极性同时得到发挥。这一制度的进一步完善和发展，必将使农业社会主义合作化的具体道路更加符合我国的实际。这是在党的领导下我国农民的伟大创造，是马克思主义农业合作化理论在我国实践中的新发展。"这份文件标志着家庭联产承包责任制作为农村改革的一项战略决策的正式确立。

城事四十年（下）

1984年，我国经济体制改革的重心由农村转向城市。

农村经济体制改革的积极探索、家庭联产承包责任制的确立以及深圳和珠海等经济特区发展的阶段性成果，为我国全面启动城市经济体制改革提供了充分的经验。1984年1月1日，中共中央发出《关于1984年农村工作的通知》，提出各省、自治区、直辖市可选若干集镇进行试点，允许务工、经商、办服务业的农民自理口粮到集镇落户。此后，农村要素进一步向城市流动。

同年10月，党的十二届三中全会召开。会议前夕，邓小平同志在人民大会堂会见了来访的联邦德国总理科尔，他向科尔介绍："前一次三中全会重点在农村改革，这一次三中全会则要转到城市改革，包括工业、商业和其他行业的改革，可以说是全面的改革。"[①] 经过湖北省沙市等城市经济体制综合改革试点后，一场以国营和集体企业扩权为重点的企业综合性改革工作在全国各城市轰轰烈烈地启动了。

1987年2月，全国共有72个城市确定进行经济体制综合改革试点。试点城市包括了除北京、天津、上海以外的所有特大城市和60%左右的大城市。

---

① 邓小平：《邓小平文选》，第三卷，北京：人民出版社，2001年。

1992年8月，国务院决定进一步开放长江沿岸的重庆、岳阳、武汉、九江、芜湖五个城市以及一批内陆地区省会城市。至此，长江沿岸十个主要中心城市已全部对外开放。1994年，我国启动了分税制改革。这是新中国成立后一次规模大、范围广、影响深远的重要改革，不仅促使地方上的城投公司遍地开花，也为城市基础设施建设、房地产市场崛起奠定了制度基础。随后，我国进入全面推进城镇化建设、城市户籍制度改革以及各项公共事业改革的阶段。进入21世纪后，中央和地方颁布的涉农政策之外的改革措施基本都是以城市为单位实行的。

经过数十年的城市空间和经济规模扩容运动，我国的城镇化率由新中国成立初期的10.64%增长至2022年年末的65.22%。据统计，1978—2018年，我国城镇常住人口从1.7亿人增长到8.3亿人。2018年，住建部副部长在总结城镇化发展成果时坦言："城市是80%GDP、95%创新成果、85%税收和财富的聚集器。"

人类工业文明与农耕文明"掰手腕"，城市摆出了一副优胜者的姿态。不过，城市的发展成就有一半要归功于农村人，是农村人的艰苦奋斗支撑着城市的繁华。习近平总书记曾用"梅花香自苦寒来"的诗句来赞扬进城务工人员。[①] 美国著名城市理论家刘易斯·芒福德也认为："城与乡，不能截然分开，城与乡，同等重要；城与乡，应当有机结合在一起。"[②]

[①] 《奋进在新时代的浩荡春风里——习近平总书记同出席2018年全国两会人大代表、政协委员共商国是纪实》，摘自《人民日报》，2018年3月17日。

[②] 刘易斯·芒福德著，倪文彦、宋俊岭译：《城市发展史——起源、演变和前景》，北京：中国建筑工业出版社，1989年。

城市经济和农村经济是不可分割的。在一定时期，或者说在资源有限的背景下，可以集中力量、集中资源发展工业，推进城市发展。但我们不能忘记，"中国要富，农民必须富"是中国发展必须坚守的奋斗底线。2006年，我国取消了延续两千多年的农业税，进入了工业反哺农业的社会。然而此时，城乡差距、工农差距仍呈不断扩大的趋势。农业基础薄弱，农村发展滞后，农民收入增长缓慢，成为经济社会发展中亟待解决的新问题。

进入21世纪，我国的城市与农村改革工作开始"并轨"，国家愈加注重全局性、整体性、协调性，开始强调城乡二元结构体制融合，改善"城乡分治"的一系列矛盾，推进城乡发展一体化，消除长期存在的城乡差距，以实现共同富裕。

党的十八大以来，以习近平同志为核心的党中央不断加强党对城市工作的领导，坚持人民城市为人民，推进以人为核心的新型城镇化，走出了一条中国特色城市发展道路。2013年12月12日至13日，中央城镇化工作会议在北京举行。"会议要求，城镇化是一个自然历史过程，是我国发展必然要遇到的经济社会发展过程。推进城镇化必须从我国社会主义初级阶段基本国情出发，遵循规律，因势利导，使城镇化成为一个顺势而为、水到渠成的发展过程。"[①] 在主持十九届中共中央政治局第八次集体学习时，习近平总书记指出，"不管工业化、城镇化进展到哪一步，农业都要发展，乡村都不会消亡，城乡将长期共生并存，这也是客观规律"。[②] 习近平总

---

① 《中央城镇化工作会议在北京举行 习近平、李克强作重要讲话》，摘自《人民日报》，2013年12月15日。

② 《总书记的"三农"情怀》，摘自《人民日报》，2022年9月22日。

书记深刻观察我国城镇化的发展特征以及城市与农村的关系，提出了"两个客观规律"的重要论断。①

从1984年党的十二届三中全会召开，经济体制改革重心由农村转向城市，到2022年实现高达65.22%的城镇化率，我国用不到四十年时间完成了西方国家两百年才完成的工业化、城镇化进程。由联合国经济和社会事务部人口司编制的《2018年版世界城镇化展望》显示，城市化进程以及全球人口的增长使得各国的城市居民数量从1950年的7.51亿激增至2018年的42亿，即世界上有55%的人居住在城市，该报告提出要"了解未来城市化的关键趋势，建立新型城市化发展框架，确保城市化的益处能够人人共享"。报告还预测，全球城市人口总量到2050年将增加25亿，其中中国将新增2.55亿。

闭上眼睛看淄博

2023年3月起，强大的网络流量把淄博这座城市推上热搜，全国人民开足马力，用朴素的画面展现烧烤摊上、菜市场里、街头巷尾中人与人打交道的瞬间。紧接着，网友们继续"挖呀挖呀挖"，烧烤店的后厨小哥被挖了出来。躲在农村小巷里的大爷也被挖了出来，还有小票打印机、小花坛、公共厕所，但凡能让人产生新话题联想的人或物都被挖了出来，游客们一边用长镜头拍特写，一边绘声绘色地解说。哪怕是淄博没有发生的，有时也要

---

① 高帆：《"两个客观规律"指引中国城乡融合发展》，摘自《光明日报》，2022年6月14日。

硬编出个故事、附会些内涵，经过二次加工、三次加工，包装成新的热门话题。淄博被一批真诚的赞美、善意的"谣言"和小小的恶作剧塑造成了连淄博本地人都不认识的"淄博"。

坦白讲，我们对淄博的解读有点过度了。

淄博是一座怎样的城市呢？

"淄博"二字分别用于地理名称，由来已久，但"淄博"二字连用，只有不足百年历史。淄博取名于淄水、博山，山川辉映。三千多年前，周代时，太公姜尚开辟基业。后来，田齐取代姜齐，成为"战国七雄"之一。田齐威王励精图治，再度成为霸主。淄博曾诞生我国第一所官办大学——稷下学宫，孕育了我国第一部管理学百科全书《管子》、第一部农业百科巨著《齐民要术》、第一部工科巨著《考工记》、世界著名短篇小说集《聊斋志异》等传世之作。淄博独有的齐文化中"开放、包容、创新、重商、法治"的精神内涵，与改革创新的时代特征高度契合。新中国成立以来，淄博先后涌现出"县委书记的榜样"焦裕禄、"时代楷模"朱彦夫等一批先进典型。而今这些历史文化宝藏，被流量之手继续"挖呀挖呀挖"。

与大多数网红城市不同，淄博流量的主角是城管执法人员，是交通警察，是"撵客"的烧烤店老板，是街道办的志愿者，是每一个淄博市民和游客。甚至连市委书记、市长，还有那座破旧的政府大楼，也成了流量追捧的对象。在声势浩大的流量运动中，淄博不再是淄博，它是人间烟火，是政通人和的象征，是众多网友心中的一片净土。

网络流量攻城的目标，并非淄博全境，而是淄博主城区、政府驻地张店。张店古称黄桑店。战国时期，燕国大将乐毅受封于此，驻守昌国城，为昌国君。北宋年间，一片古老的桑林成就了"黄桑店"。最先建起的几家客店，为过往客商提供栖身饮食之便，客店中的张氏店户，买卖公平、童叟无欺，因而生意兴隆，"张家店"逐渐以其声名取代了"黄桑店"。张店之地名，始见于元代编纂的《金史·地理志》。当时，张店隶属山东东西道宣慰司般阳路，为般阳路张店、金岭、颜神三镇之一，有"商贾云集，日进万金"之说，是元、明、清三代重镇。1904年，胶济铁路开通，张店火车站设立，国内外商人随之而来，张店工商业更加兴旺，奠定了张店发展的基础。1955年，张店区正式成立，为淄博市辖区之一。1960年，市委、市政府由博山迁至张店，张店区成为全市中心城区。而今，张店区成为淄博"出圈"、游客涌入的核心区域，八大局便民市场、牧羊村烧烤总店等网红打卡地皆分布于张店区辖区内。

俗话说，"好事不出门，坏事传千里"。这种真心实意地捧淄博，因为宠爱而把一座城市"举高高"的现象实属罕见。这种过度解读、能忍住臂膀酸痛的"举高高"行为，体现了生活在都市的人们的太多委屈、负累和期待。淄博就像一面镜子，映照出千姿百态的社会心理和人们对美好生活的集体想象。人们捧淄博，恰恰证实了人们内心缺失一种"淄博生活"。

淄博走红，不仅激发了网友们的热烈讨论，也使党政工作人员、专家学者加入讨论和研究"淄博现象"之列。据不完全统计，已有河南、江苏、安徽、广西、河北、辽宁等省派员以不同形式赴淄博考察，试图破解一系列的城市治理谜题，进而为各大小城市治理提供经验参考。

2023年5月下旬，淄博流量开始衰退，新的城市、新的话题相继登上热榜。淄博的热度过去了，但它对当代城市发展的启示不会消失。淄博走红，不是因为它太优秀，而是因为时代太需要这样一座城市。城市数量与规模快速扩张，社会诉求愈加多元化，而现有城市治理理念、模式和政策已经难以满足人民对美好生活的迫切需要。在这一背景下，淄博幸运地成为良法善治的城市"代言人"，并启发着中国城市走入觉醒年代。

究竟是什么力量把淄博捧上了流量之巅？这是数月来人们不停追问的终极问题。关掉心中的滤镜，闭上眼睛看淄博，我们似乎可以看到点燃淄博流量的"三把火"。

第一篇 谁点着了淄博的火?

做好网上舆论工作是一项长期任务,要创新改进网上宣传,运用网络传播规律,弘扬主旋律,激发正能量,大力培育和践行社会主义核心价值观,把握好网上舆论引导的时、度、效,使网络空间清朗起来。

——2014年2月27日,习近平总书记在中央网络安全和信息化领导小组第一次会议上的讲话

算法推荐服务提供者应当以显著方式告知用户其提供算法推荐服务的情况,并以适当方式公示算法推荐服务的基本原理、目的意图和主要运行机制等。

——《互联网信息服务算法推荐管理规定》第十六条

第一章 流量一触即发

逐利的算法

淄博火了。火是从抖音上烧起来的。两个月的时间，数十万台服务器用百亿级流量把淄博这座城市推上了舆论顶峰。然而，流量的本意并非要把淄博捧红。过去的几年间，抖音、微信视频号平台以惊人的速度冲上了中国互联网产业的塔尖，成为当之无愧的流量王。其背后是各平台对"算法技术"的坚持，是"不干预用户兴趣""只做新闻搬运工"等价值观的引导。长视频剪短了，反而更有吸引力了，靠的正是算法。

以抖音为例。抖音与用户签订协议，对用户相关数据进行监控，而用户让渡隐私才能换取对抖音的使用权。所以，抖音几乎能够掌握每一个用户的基本行为习惯，比如在什么类型的视频上停留时间比较长，会对什么样的内容点赞、评论或者进行分享。抖音甚至知道用户的手机型号、常去的地点，还能获取用户的通讯录，知道用户的好友是谁，等等。每天都有众多视频发布，为什么有的会爆火，有的却无人问津呢？这就涉及抖音平台对流行度的预测。算法会从一个视频的播放量、用户的停留时间、完播率、复播率、分享率等维度来判断这个视频到底适合推荐给哪些用户以及多少用户。以这样的逻辑推荐内容，就达到了千人千面的效果。抖音用户在使用过程中所产生的数据越多，平台算法模型的计算就越精准，这种精准推送又会加深用户沉迷度，循环往复地加强对用户的控制，令用户"成瘾"。

比如在淄博相关视频的传播中，起初只是个别"网红"和少部分人推荐，而抖音的相似度算法分析这批人的兴趣特征，把淄博话题推送给贴了同样兴趣偏好标签的用户。由于这一算法把具有同样性格、态度、价值观的人都聚集在一个视频空间里，因此大家会"同频共振"，热衷于讨论和转发。这种推荐机制优化了观看体验，提升了用户满意度，增加了用户的留存率和活跃度。例如，一个辽宁的网友说："不知为啥，最近一看到淄博的视频就泪目。是不是这些年在虚假与欺骗中辛苦前行太久，突然见到久违了的善良与真诚，心中就涌起了无限的欢畅和看到光明的愉悦感？愿淄博精神传遍中国。"还有一位IP地址显示为日本的网友评论："只要一看到淄博，无论是什么内容，我都立刻心情大好。我对淄博有一种天然的亲近感，仿佛那里是另一片天地，悠然祥和，令人神清气爽。"

积累了基本数据之后，抖音的热度算法将对每条视频的播放量、点赞数、评论数等数据进行分析，找出其中最有潜力的视频，向更多用户进行推荐，提高视频的曝光率和用户黏性。在热门视频的感召下，一大批人加入创作行列，在很短的时间内又发布以淄博为话题的新作品，平台则再次推荐并启动协同过滤算法、相似度算法、热度算法等，如此循环往复。经过一轮轮推送，越来越多的用户对淄博话题有了"成瘾性"，最终，流量推动着这些用户来到当地。

有学者认为，平台吸粉是资本的"圈地游戏"。用户就如同失去土地的农民，他们没有生产资料，只能出售自己的隐私，使用即被俘。用户的数量和使用时长决定着平台的数据量和算法能力。算法能力越强，就会吸引越多的用户，进而吸引更多的广告商。

短视频平台赢利首先是靠广告收入，其优势是为广告主提供精准的用户画像，帮助广告主实现更精准的传播。平台赢利还可以通过电商服务实现。例如，抖音电商部门成立后的三年间，平台商品交易额就突破了万亿元，而拼多多达到同样的体量则用了四年。据了解，抖音等平台会倾向性地把流量分给电商，包括挂购物车的短视频和电商直播间。这种带货方式很大程度上是与线上商城争份额，也顺便打击了一部分为当地生活提供服务的线下个体工商户。

算法不做道德判断和立场选择，那么作为社会话题讨论聚集地的社交平台，应该如何对待或处理针砭时弊、批评社会的舆论之声呢？讲一个典故。子产是春秋时期郑国的大夫，先后辅佐郑简公、郑定公。乡校既是学校，也是郑国人聚会议政的地方。在子产执政初期，国人对他并不信服，常常聚集在乡校议论政策的好坏，于是有人向他提议，废除乡校。子产拒绝了这个建议。子产曰："其所善者，吾则行之；其所恶者，吾则改之。是吾师也，若之何毁之？"子产把乡校作为了解民意的场所，并注意根据公众的意见调整政策。他广开言路，得到百姓认可，从而使郑国强盛起来。当下的社交平台，一定程度上也扮演着春秋乡校的角色。

那么，在流量的狂欢中，谁是流量生产者？谁是消费者？谁又是获利者呢？在数字时代，消费者和生产者的界限愈加模糊。人们很少意识到，消费者创作短视频作品是有价值的生产性劳动。出于认同平台"记录生活"等观念，用户通过拍摄短视频来展示自己，实现自身价值，模糊了生产性劳动和为了娱乐而拍摄的界限。海量用户既享受着拍摄的乐趣，又在其他用户对视频作品的点赞和评论中获得自我实现的满足感。用户生产的作品不仅为平台所有，而且被平台当作核心内容去吸引其他用户。平台通过量化数据确保了精准的目标用户到达，并将用户的使用数据转化成重要的商业资源贩卖给广告主。例如，某平台称其拥有百万个标签来精准描绘千人千面，可以为不同企业提供内容营销服务，包括曝光触达、互动引导等多种定制式的营销模式。

与高明的算法技术唱对台戏的，是一些政治经济学学者。算法技术被许多政治经济学学者诟病。哈佛大学教授肖莎娜·祖博夫指出，互联网平台通过分析用户的数据，预测用户个人的需求和偏好，进而有针对性地投放广告，获得巨大的广告市场和监控收益。对用户数据的占有和监控让互联网平台拥有了"工具主义权力"，并通过行为矫正手段潜移默化地诱导用户，使之行为符合监控资本家的目标，从而实现他们的商业利润。

美国纪录片《监视资本主义：智能陷阱》为观众拆解了社交网站的致瘾性操作及其背后庞大的监控资本主义的运作模式。该片将算法技术比拟成真实的监控者，向观众展现算法如何隐蔽地操控人们的行动。纪录片中，监控者依据后台准确的数据，循序渐进地给男主角推送适合的阴谋论信息，控制他所看到的信息全貌，让男主角相信阴谋论，最后成功操控他参与抗议活动。该纪录片揭示了这样一个事实：用户认为自己在享受虚拟世界的免费产品，却不知自己正在被"贩卖"。有趣的是，《监视资本主义：智能陷阱》邀请了脸书前"点赞"按钮设计师、谷歌前设计伦理学家以及推特工程副总裁等众多互联网科技大咖参与创作。

凡事都有两面性，关于算法的逐利性及其"剥削性"，我们不再深究。算法的确推动了"进淄赶烤"的治愈旅行，引发了人们对城市话题的强烈共鸣，提高了关联消费发生的概率。

在算法技术的作用下，全国10亿多网民中半数以上开始关注淄博这座普通的工业城市，感动于城市里朴实的商户、友善的市民、高效的行政服务体系，热捧一栋楼、一片花坛、一个厕所甚至一则充满善意的假消息……淄博现象缔造了人类当代城市发展史上的一个神话。这场流量狂欢的社会基础，是占中国人口70%以上的网民及其日均超过2.5小时的短视频"刷屏"时长。

话题传播是一种混沌现象

算法有章可循，话题传播却是无法预测的。话题常跳出算法设计的游戏规则，呈现出混沌运动的特征。最后，它有可能会完全偏离起点，背离本意。

混沌现象是一种特殊的非线性运动，其核心特征是随机性和不确定性。

1972年，在美国科学促进会举办的年会上，美国气象学家爱德华·罗伦兹在演讲中提出，一只蝴蝶在巴西扇动翅膀，有可能在美国得克萨斯州掀起一场龙卷风。这说的就是人们熟知的"蝴蝶效应"。混沌现象是自然界中的普遍现象，而蝴蝶效应就是一种典型的混沌现象。互联网话题传播是吻合混沌现象特征的：不经意间发布的一条短视频、一条微博，甚至两行字的评论，有可能在自媒体上持续发酵、碰撞、融合，触发一系列隐含的结构性社会条件，话题被无限放大，进而形成重大舆论风暴。淄博烧烤风靡全国就是混沌现象的结果。

2022年5月1日，在对山东大学重点人群进行核酸检测时，工作人员发现了一例初筛阳性病例，随后一名学生被确诊为无症状感染者。为了防止病毒扩散，切实保障师生的生命健康，一万余名师生被分别紧急转移到济南、泰安、德州和淄博四座城市进行隔离。隔离的这些日子里，淄博尽最大努力给予学生们生活上的照顾，每天提供的饭菜都不重样，发的水果也分量十足。隔离结束后，淄博还特意安排了一顿"淄博烧烤"，让学生们回味无穷。学生们还收到了淄博市委、市政府的《致山大学子的一封信》："……自古磨难皆过客，浮云过后艳阳天……淄博这座城市历来有情、有义、有爱、有光……凡我在处，便是山大；待你来时，这就是家……"于是，在疫情过后的第一个春天，山大学子们便相约前往淄博故地重游，重温这座城市的人情味，以表感恩。在他们的带动下，一拨又一拨的大学生赶往淄博。这个美好的故事，给算法讲了一堂思想品德课。淄博的流量从头到尾都在以正能量的方式裂变着，逐利的流量有了人情味。

大学生们来到淄博，比享用烧烤美食更重要的事情是拍照、拍视频和发朋友圈。按照算法特征，用户每一次观看视频都是对后台算法的一次训练，其停留、点赞、评论等行为被算法技术捕捉，算法会随着用户的心情、兴趣而迭代。这种类似于"监控"的掌控和激励，让参与淄博烧烤话题互动的用户沉浸其中，同时，平台算法又将他们感兴趣的内容推荐给更多人。

蝴蝶的翅膀在淄博扇动，掀起了互联网舆论的龙卷风。一条名为"淄博烧烤的正确吃法"的短视频，引发几十万次点赞和转发。抖音博主"B太"赴淄博当地拍摄专业打假视频，在视频中，八大局便民市场的个体经营者皆足斤足两、诚信经营，霎时间全网好评如潮。根据千龙智库大数据平台的监测数据，2023年前四个月，全网关于淄博烧烤的信息超过500万条，其中八成以上来自短视频平台和微博等社交平台。在流量和情感的共同赋能之下，淄博的人气被彻底点燃了。

盛赞美味和温情之余，不得不说，淄博是一个"爱写信"的城市。除了隔离期间给山大学子写的信，2023年4月淄博市精神文明建设委员会办公室在《淄博日报》上发表的《致全市人民的一封信》也被算法相中，舆论的龙卷风刮得更猛了。2023年5月，淄博市委、市政府又发表《致全市广大科技工作者的一封信》，在第七个全国科技工作者日向科技工作者致敬。淄博教育部门还发布了《致全市2023年夏季高考考生及家长的一封信》，呼吁各级部门、民间团体及普通市民合力为考生创造良好的考试环境，包括开展"蓝丝带"高考护航行动、停止考点周边房屋建筑和市政基础设施工程、劝退"高音广播喇叭"、疏散校园周边聚集人群等。

饮水思源，达则兼济同胞。淄博会做事，更会做人，其文旅部门发表的《致广大游客朋友的一封信》把省级主管部门和兄弟城市也送到了"风口"上：

> 山东是文化大省、旅游大省。这里可赏山水画卷，泰山雄伟磅礴，崂山神秘缥缈，尼山钟灵毓秀，梁山热血刚劲，红色沂蒙山情深义重；趵突泉腾空翻涌，微山湖烟波浩渺。这里可品齐鲁风情，大运河贯通南北，海岸线蜿蜒曲折，沿着黄

河遇见海，在东营看蓝黄交汇，在青岛扬帆冲浪，在烟台、威海的海洋牧场尽情海钓。这里可读街巷烟火，在台儿庄古城、青州古城、东昌古城、魏氏庄园赏民风古韵，去济南老商埠、青岛广兴里、烟台朝阳街赶潮流时尚，在济南超然楼见证"燃灯"时刻，在泰安大宋不夜城流连烟花绚烂。这里可尝饕餮美食，孔府菜、济南菜、胶东菜精美考究。这里可打包必购好物，日照绿茶、胶东海参、菏泽鲁锦、德州扒鸡给人嗨购体验。欢迎您到处走一走、看一看，感受"好客山东 好品山东"的独特魅力。

这封信字面意思是对游客的盛情邀请和出行关切，而仔细看，字里行间更流露出淄博的高情商：面对即将来临的流量大餐，既没有忘了请"兄弟们"一起享用，也没忘敬"长辈"一杯。

受淄博处世风格的感召，驻扎在各平台上的官方媒体也成了这场流量运动的推波助澜者。据山东广播电视台粗略统计，截至2023年3月底，有超过160家媒体参与对淄博烧烤的传播报道，其中省级媒体占比超过28%，中央级媒体占比超过23%。

淄博在短视频平台上的政务账号的运营者们也没有想到，短短几个月，他们也在淄博烧烤舆论的洪流中"中奖"，运营账号的浏览量是平日的百倍。

淄博"霸屏"期间，百花齐放，万人竞速，用户们争分夺秒地创作、传播。只要发一条淄博主题的消息，浏览量动辄上万、十几万，只要"跟着淄博走"，账号随时有可能爆火。

"五一"假期如约而至，游客们走上淄博街头，发现了比"5A级菜市场"八大局便民市场更"有料"的打卡地——市委、市政府办公楼。位于张店区人民西路24号的淄博市委办公楼建于1959年年初，中间的办公楼有四层，是淄博市级重点文物保护单位。位于张店区人民西路8号的市人民政府办公楼，建于20世纪70年代，因其简朴曾多次被媒体报道。

邂逅完"接地气"的办公楼，游客们又撞见了"最慢火车"。7053/7054次列车是山东省内唯一一趟公益性"慢火车"。从淄博开往泰山的7053次列车，每天早上7点17分发车，途经15个优美的古村落、6个特色小镇，一路慢行，平均时速只有32公里。这趟列车在鲁中山区一跑就是四十多年，各站之间的最低票价曾仅为1元，全程票价11.5元，是城乡居民外出务工、求学和探亲的重要交通工具。曾有网友为这趟列车配上这样一段解说词："它没有空调，只有电风扇，到站都靠人工喊话。乘务员没有标准化服务，但热情得像家人。坐上去，一路可以放松心情，静静地欣赏窗外的风景。"

据千龙智库大数据平台的监测数据，2023年前四个月，参与"淄博烧烤"话题讨论的拥有50万以上粉丝的"大V"用户有2000余个，共发布相关内容5200条，人均发帖约2.6篇。粉丝数为100万—500万的用户发帖量更大，而粉丝数1000万以上的用户的帖文影响更广泛。以拥有2000多万粉丝的"B太"为例，其发布的"山东淄博 一座让我不得不佩服的城市"单条视频，获得近400万次点赞、40多万次评论和100多万次分享。在此期间，周村古商城、海岱楼钟书阁和红叶柿岩等网红打卡地，热度位列淄博景点前三位，是2022年同期的7.5倍。由1700万余条有关淄博的网络数据生成的词云图显示，"好客""热情""努力"是评价淄博城市品格的三个热词。

新晋网红城市淄博的热度数月间有增无减,原因之一是对这个话题的讨论在传播中由浅入深、由单一到多元,而且持续更新,不断制造出新鲜感和悬念感。同时,参与话题互动和传播的创作者众多,讲述视角多样,即使是同一个话题也有数十、上百个版本,这些皆有利于延长话题的讨论周期,避免人们产生审美疲劳。

第二章　地域口碑的红利

山东人画像

究竟是什么赋予了淄博强大的魅力？要回答好这个问题，需要把时间拉回到2008年。2008年5月12日，汶川大地震震惊世界。当时的白鹿镇九年制学校里，一条地震断裂带刚好位于一座教学楼旁边，教学楼整体被抬高了近三米，却屹立不倒，而旁边的教师宿舍楼则彻底垮塌。这座挽救了上千名学生生命的教学楼被全国人民称为"最牛教学楼"。同样令人感动的，还有一支"最牛救援队"。

汶川大地震发生后，山东日照农民刘中明决定与同村村民前往震区参与救援。去四川定下来了，但怎么去？火车，怕不通；飞机，坐不起。"我那辆三轮车可以啊，咱们开三轮车去！"刘中停家刚好有一辆农用三轮车，这下派上了用场。次日清晨，刘中明一行十人驾驶农用三轮车向四川进发。然而，驶出日照不久，他们就因车辆超载被交警拦下了。交警得知他们要前往汶川抗震救灾时大吃一惊，感叹于他们的无畏精神，自掏腰包帮他们交了罚单。为了获得沿途各地的交警和民众的谅解，刘中明专门制作了红色条幅挂在三轮车两侧，上面的文字"山东莒县农民救灾志愿者"非常醒目。果不其然，条幅发挥了保驾护航的作用，为他们减少了很多误会和麻烦。在众人的帮助下，他们耗时四天三夜，终于到达汶川。历史将永远记住这十位质朴的日照农民的名字——刘中明、刘光波、刘中富、刘中停、刘中彩、刘守华、刘守秋、刘守欣、刘守贵和刘光瑞。这支农民救援队的故事感动了无数人，还有人据此拍摄了电影《日照好人》。他们的农用三轮车被收藏并陈列于"5·12 汶川特大地震纪念馆"中。

之后的十几年，"最牛救援队"仍然不时冲上各大网络平台的热搜。不少IP地址为四川的网友发出穿越时空的告白："身为一个四川人，我要谢谢山东人。"对此，山东网友一般都这样回复："同胞之间相互帮助，理所应当。"历史持续见证着，每逢同胞有难，山东人总是率先挺身而出，施以援手。山东人在大家心里种下了"好人"的种子，良好的地域口碑生了根、发了芽。

新冠疫情暴发时，"山东好人"的形象再一次得到强化。山东人第一时间支援了大量的物资和医疗队伍，大义大爱感动了每个中国人。武汉疫情最严重时，寿光每天提供600吨蔬菜，持续供应十几天；菏泽捐出90吨山药、90吨大蒜、60吨鸡蛋和35吨白菜；兰陵捐出200吨大蒜；邹城捐出100吨蘑菇；临沂捐出20吨水饺和汤圆；滕州捐出66吨马铃薯。武汉缺护目镜，青岛连夜送去两万副。口罩紧缺，山东动员全省每天送去百余万个。还有建材、机械设备、医用酒精、消毒液等，山东几乎是"缺啥有啥，有啥给啥"，于是有网友将山东救援工作命名为"搬家式救援"。不光捐钱捐物，山东人还把济南市委书记"捐"给了武汉。2020年2月，时任济南市委书记的王忠林临危受命，调任湖北武汉任市委书记，以其硬派的工作作风成为疫情期间的第一个"救火队长"。

2021年年末，因疫情防控需要，西安铁路和航空暂时停运，一个在山东烟台求学的西安籍女大学生急哭了：眼看要过年了，学校放假，老家却回不去，如何是好？家在威海的一个同学听闻此事，便与父母一同驾车返回学校，将这个西安女孩接到威海过年。西安女孩在社交平台上表达了感激之情，令许多大学生感到无比温暖。疫情防控期间，上海物资供应一度吃紧，山东兰陵县服务队在保障蔬菜稳定供应方面发挥了突出作用，累计直供上海蔬菜2500吨，捐赠蔬菜200吨。三年间，山东人"感动全国"的画面不胜枚举。

地域口碑是一种文化现象，即社会对某一地域的人文风貌形成的长期印象及客观评价，主要受地貌、地质、土壤、气候等自然条件和饮食结构的影响。陕西、甘肃一带降水少、温差大、风沙多，早期陕甘人民养成了凿洞而居的生活习惯，形成了粗犷、率直、棱角分明的性格。贵州、云南一带降水多、空气潮湿，加上大山区隔、交流不便，人们逐渐形成了依山而居、喜食辛辣的生活习惯和热情朴素的性格。山东地形以平原和丘陵为主，农耕条件优越，且受儒家遗风影响，人们性情率直，重义轻利。

积蓄了数年的山东地域口碑，给淄博带来了人文消费的福利。淄博烧烤成为全国人民回敬山东大义大爱的"第一杯酒"。有网友调侃："三年战'疫'始于武汉，终于石家庄，庆功宴设在了淄博。"

"我很喜欢山东人这一点。在这波烧烤的热度里，我看到了淄博人的诚信、朴实和热情，看到了山东人的人格魅力。"这是一名游客的肺腑之言。

集体主义情结重是山东人的另一个特征。如果有人抹黑山东人形象，同乡往往会在第一时间谴责当事人："你把山东人的脸都丢光了！"因此，山东人家国情怀深切，遇到大事能勇挑重担。山东人好客，常说："不就是多几双筷子的事嘛！"在淄博的烧烤摊上，外地游客"被拼桌"、被请客成为常态。一个河北网友说："淄博现在每天放一个大招儿，招招拿捏大伙儿。连评论区的山东网友都是'专业迎宾'，全方位地、热情地提供售后服务和技术指导。"一个海南网友跟评："淄博的大爱令我热泪盈眶！即使没有吃到烧烤，也被他们的温暖感动着。"

或许大家吃的不只是烧烤，还是"好客山东"带来的久违的亲切感，是人间烟火。据《环球时报》2023年5月的一篇报道，北京大学中文系教授张颐武评价淄博现象时说："淄博之所以成功，最重要的一点是，它将山东热情好客的文化通过餐饮的形式表达出来，并且在疫情恢复后缺乏文旅消费热点的形势下抢占了先机。"

在大数据绘制的中国"口碑地图"中，山东区域显示出重情厚义的赤诚之色：从儒家文化到沂蒙精神，从汶川地震救援到武汉疫情救助，再到今天的淄博现象，细数人间大事小情，山东皆口碑载道。淄博这场流量飓风的情感基础，实际上是山东长久以来形成的良好口碑引发的全民共情。

治愈之城

通常情况下，一座经济发达的城市，要在国内生产总值（GDP）

考核的指挥棒下不停地转动工商业车轮，绷紧链条，持续加压，以确保不被其他城市赶超。于是，"速度与激情"的副作用也在其身上产生了——空气污染、噪声污染、交通拥堵、公共资源短缺等，让人感觉"透不过气"。于是，都市人渴望短暂地逃离，纷纷前往大理、丽江、桂林、三亚等一些中小型城市，开启"治愈之旅"。这些城市也被贴上了"治愈之城"的标签。这些城市的共同特征是气候宜人、生活节奏慢、休闲娱乐资源相对丰富，若置身其中，可以远离城市的喧嚣和压力，感受宁静、舒适和放松，从而得到治愈。工业不发达也是这些治愈之城的共性——据笔者统计，它们的工业增加值占GDP比重小于30%。正因为工业不发达，它们才不得不另辟蹊径，在休闲旅游产业中寻求生机。人们正是厌倦了工业氛围和都市压力，才远离工业喧嚣，逃离工业城市。然而，淄博是个例外。

夜幕降临，摆上小桌、马扎、啤酒和烤肉，与朋友一起畅聊、畅饮，享受生活的乐趣，仿佛被淄博整座城市送上了一碗"心灵鸡汤"。一名游客曾这样讲述淄博带给她的真实感受："生活中积攒的压抑情绪，在淄博的城市烟火气中被释放出来，这种体验是其他城市给予不了的。"

未曾想，"小串+小饼+大葱"的三合一特色小吃，成为疫情后人们寻求心灵慰藉和情感宣泄的灵魂担当。淄博人讲，小串代表温度，小饼代表包容，大葱代表豪爽。我以为，这种解释多少有些牵强附会。因为饼是普通的饼，葱是家常的葱，酱就更没什么特色了，就是各地超市都有销售的天津蒜蓉辣酱。单从造型来看，"三件套"像极了北京烤鸭。

比起北京烤鸭，淄博烧烤人均几十块的消费价格颇显亲民。加之颇具特色的半自助式边烤边吃，食客们参与感十足。一名江苏游客说："来到淄博，生活很松弛，像夏天穿短裤和老头衫一样舒服，根本不需要任何修饰。"

去过丽江的人都记得一句话："去丽江不是为了做什么，而是为了什么都不做。"丽江之于旅行的意义，可能不是游览古镇、雪山、拉市海和泸沽湖，而是"有时间仔细端详生活和人生"。如果说丽江给人一种出世的洒脱，淄博则予人入世的酣畅。淄博烧烤摊成了陌生人的真情交际场，炭炉上的烤串承载了城市的惬意生活，火便烧得更旺了。有人建议把叶倩文的《潇洒走一回》确定为各大烧烤广场上的主题曲，但更能反映淄博烧烤摊上的情感的，是她的另一首歌曲《真心真意过一生》。正如歌里唱的："熙熙攘攘为名利，何不开开心心交朋友。时时刻刻忙算计，谁知算来算去算自己。卿卿我我难长久，何不平平淡淡活到老。真真假假怨人生，不如轻轻松松过一生……"

除了丽江的出世型治愈、淄博的烧烤式治愈，还有一种治愈叫作贵州"村BA"。

与淄博烧烤交相辉映的，是在贵州黔东南州举行的"美丽乡村"系列篮球赛。球员均是当地村民，而穿着汗衫、拖鞋或民族服饰的村民观众坐满了露天球场的看台。人们比照中国职业篮球联赛（CBA），将这一系列球赛誉为"村BA"。通过新媒体直播，"村BA"参赛的球员、观众吸引了全国人民的注意力。据了解，在贵州、广西、宁夏、福建等地，这样的乡村赛事已经成为乡村生活的一部分。"村BA"的火爆还促进了地方经济新的增长。因为篮球赛，贵州黔东南州旅游热度增长了276%，餐饮、住宿、购物等方面的营收也相应增加。更重要的是，一些原本已经离开乡村的年轻人选择回乡，还有人推迟了离乡的计划或打消了离乡的念头。体育在其中发挥了积极作用，留下的年轻人，正是乡村发展的生力军。在三天四场的赛程中，台江县累计接待游客达到18.19万人次，旅游综合收入达到5516万元。"村BA"不仅是一种健康文明的生活方式，也是增进社会联结的一个纽带，助力了经济发展，也促进了乡村文化繁荣，加强了乡村社会治理，形成了一个强大的"文化磁场"。

如果说"村BA"是贵州给这个时代提供的乡村文明的新样本，那淄博烧烤则是山东为工业城市的精神文化贡献的优秀范例。继"村BA"后，与台江县相邻的榕江县举办了"和美乡村足球超级联赛"，吸引了韩乔生等著名解说员到场解说，香港明星足球队也给予了热切的关注。该足球联赛场面极其火爆，被誉为"村超"。被某些专业足球赛事伤透了心的球迷，终于在"村超"中得到心灵的慰藉。

第三章　戳中时代之痛点

人间烟火气

"地摊经济"这个词，是在2020年5月进入大众视野的。

当年全国两会期间，来自天津的全国人大代表杨宝玲建议，在进一步加强规范城市管理的同时，因地制宜，释放"地摊经济"的最大活力。

杨宝玲是天津市东丽区华明街道胡张庄村党总支书记，第十三、十四届全国人大代表。她发现，各地在创建文明城市、卫生城市的进程中，地摊经济逐渐淡出了居民视野。城市不仅要有便利的设施、光鲜的外表，更要有寒冬里的庇护所、黑夜中的亮光。杨宝玲的建议是，制定统一的地摊经济准入许可标准、从业资格条件和商品入市手续，给予地摊经济以及地摊从业者合法地位。同时，根据地域情况分类划定禁摊区、限摊区、开放区，明确不同区域的管理标准，对地摊经济实行分类管理。此外，还要加大对早餐、农产品等民生刚需行业和突出弱势群体的扶持力度，对相关从业者适当减免管理费。

在社会各界的推动下，中央文明办于2020年5月发布消息，决定在2020年全国文明城市测评指标中，不将"占道经营""马路市场""流动商贩"列为文明城市测评考核内容，在新冠疫情防控期间，这对推动文明城市创建、恢复经济社会秩序、满足群众生活需要产生了积极的作用。

人间烟火气，最抚凡人心。随之而来的是，一股地摊经济的热风吹向全国。从省会城市到县城乡镇，地方领导干部纷纷走进夜市，为摆摊的市民加油助威。成都市的一些路段，每到晚上10点，数百个小吃摊位开启夜宵模式，个体经营者们忙得不亦乐乎。据统计，在两三个月内，成都的地摊经济为10万余人提供了工作机会，疫情防控期间的餐饮业复工率达到98%。

各地商务部门更是忙得不可开交，甚至还着手制订"地摊经济'十四五'规划"。然而，当全国大小城市齐头并进，拥抱地摊经济之时，反对之声也随之而来。有人说："各城市耗时数年建立公共秩序，文明习惯已经渐渐形成。现在鼓励群众摆摊，不仅城市管理功亏一篑，也损害了附近个体商店的利益。"还有人抱怨："城管系统这些年下了大力气，整治乱摆卖和占道经营，根据'门前三包'政策，摊贩随意摆摊要扣分，纳入考核。现在这样弄，是不是到处都可以摆摊？该怎么管？这会让城管很为难。""人行道已经被共享单车、外卖小哥占了，走路都不安全，地摊再来满街摆，会非常混乱。"针对此起彼伏的社会呼声，央视财经评论发表时评《一线城市不宜推行"地摊经济"》，认为"在以高质量发展为目标，转变经济发展方式、优化经济结构、转换增长动力、强化特大城市对中国经济发展带动力的关键阶段，简单化一哄而起地让'地摊经济'在一线城市野蛮生长，看似能解一时之急，但如果此风猛吹，后患无穷"。或是因为对政策的误读，或是因为部分地区盲目跟风，加之疫情防控形势趋紧，摆摊热潮掀起后又迅速退去。

出人意料的是，三年后，杨宝玲的设想在淄博成功落地，淄博向世人展示了地摊经济的正确打开方式。或者说，淄博打开的是地摊经济的2.0版本，即借流量之手和文明治理智慧，在疫情后市场复苏的关键时点，点燃了整座城市个体经济的活力。

个体经济，就是在市场监管部门以"个体工商户"注册的市场主体与其他个体经营活动组成的经济体系，其早期形态是手工业。新中国成立初期，我国设有中央手工业管理局，主管全国手工业合作事业，供销社体系也设有全国手工业合作总社。《关于召开省、市、自治区手工业改造座谈会的报告》中提到："手工业社（组）要团结个体户，帮助他们解决供销困难，逐步引导他们走合作化的道路，但不必急于全部组织起来。特别是对那些串街游乡、流动服务的手工业者，可以在长时期内保持个体经营的方式。这样做，对补充集体经济的不足、活跃市场以及促使合作社改善经营管理等方面，都有一定的积极作用。"这段话讲明了个体经济在新中国发展初期的基本面貌。

改革开放以来，个体经济的地位逐渐得到巩固。1982年12月4日，全国人民代表大会公告公布施行《中华人民共和国宪法》，其中第十一条明示："在法律规定范围内的城乡劳动者个体经济，是社会主义公有制经济的补充。国家保护个体经济的合法的权利和利益。国家通过行政管理，指导、帮助和监督个体经济。"历经四十余年的曲折发展，个体经济已成为我国社会主义市场经济的重要组成部分，个体工商户成为以个人和家庭形式开展经营活动的重要市场主体。据国家市场监督管理总局统计，截至2021年年底，全国登记在册的个体工商户达1.03亿户，是2012年时的2.5倍，年均增长10.9%。个体工商户在我国的市场主体中数量最多，约占市场主体总量的三分之二，其中90%以上集中在服务业领域，例如批发零售、住宿餐饮和居民服务等。有关调查显示，个体工商户的平均从业人数为2.68人，以此推算，全国个体工商户解决了我国2.76亿人的就业问题。

与金融、高端制造、城市综合体等大型投资项目相比，分散于城乡各地的个体工商户规模小、力量弱，经常被忽视。市人民政府常拿出90%的精力"一对一"服务凤毛麟角的大客商，将个体从业者视为一个群体来对待。然而，新冠疫情三年间，个体经济呈现出顽强的生命力，甚至成为维持社会稳定的重要支柱。

淄博数千家烧烤店，多以个体工商户登记注册。过去几年，淄博也曾为烧烤行业烦恼过。烧烤烹制工艺特殊，产生的烟尘和夜间露天营业的噪声影响了周边居民的生活，也对市容环境、交通安全造成威胁。2015年前后，淄博下大力气规范引导露天烧烤进店、进院、进场经营，并试点推广无烟烧烤炉。这种无烟炉炭槽在两边，中间设有水槽，烧烤产生的油脂会滴入水槽，可以避免有害油烟的产生。2017年夏，淄博张店区城管局摸清了辖区内345家无烟烧烤店的确切位置，绘制了《无烟烧烤地图》供市民选择烧烤店，同时对违规经营的10处露天大排档进行了取缔，以绝后患。当时，淄博餐饮油烟污染整治完成率达99.7%。从治理烧烤行业问题的路径上我们可以看出，淄博是在积极引导个体经济运行，而并没有伤其发展根本。

显然，不可以通过打压个体经济来维持市容整洁，否则就本末倒置了。淄博烧烤爆火期间，深圳市人大常委会表决通过了新修订的《深圳经济特区市容和环境卫生管理条例》，将原条例中"禁止商店、门店超门、窗外墙摆卖、经营"的规定，修改为"商场、门店超出门、窗外墙摆卖、经营的，应当符合规范"。在原"禁止擅自占用城市道路及其两侧、人行天桥、人行隧道和其他公共场所堆放物品、摆摊设点、销售商品"的基础上，增加了"街道办事处可以根据方便群众、布局合理、监管有序的原则划定摊贩经营场所"的例外规定，以兼顾居民日常生活需求和整体市容美观有序。兰州市人民政府也印发了《关于进一步规范外摆经营的指导意见（试行）》，规范外摆经营管理和个人设摊行为，提出"增加'城市烟火气息'"，形成以基本商业服务为主体、设摊经营为补充的服务格局。

综合各地消息，深圳、兰州、北京、上海、杭州、昆明、厦门等城市于2023年1月起陆续出台了放开设摊、允许商业外摆的相关规定。北京市发展改革委、北京市商务局对外发布了《清理隐性壁垒优化消费营商环境实施方案》。方案中明确提出，在重点商圈组织开展外摆试点，由区政府统筹组织相关部门划定外摆位，明确外摆时间、经营品类等细则，由经营者向所在街道进行网上报备，由街道对细则落实情况进行监管。上海市绿化和市容管理局公布的《关于进一步规范新时期设摊经营活动的指导意见（征求意见稿）》提出，根据需要划定设摊开放区，设置特色点、疏导点、管控点，同时划定严禁区、严控区、控制区等。

个体经济是一种特殊存在，在社会主义制度的护佑之下，形成了"自调节、自修复、自迭代"机制和不完全受市场竞争规律支配的运营体系，是一道具有中国特色的经济风景线。淄博烤炉里的一把木炭，点燃了全国一、二线城市消费市场的火，使淄博成为疫情后经济全面复苏的"先遣军"。

时代召唤淄博

和淄博烧烤一并火起来的，还有淄博的城管执法者、交通警察、劝顾客"去别家消费"的烧烤店老板、社区志愿者以及在马路上遇到的每一个市民。甚至连淄博全体公务员和市委书记、市长也受到了流量的追捧。游客们也意外地发现，这座城市生活舒适、便利、安全、和谐，市井气息浓厚且秩序井然，认为其背后的城市治理工作定然大有文章。

淄博最火的那阵子，城市管理者以迅雷不及掩耳之势响应了游客的各种期待。有人调侃"加个小哥""多点停车位"，淄博便立即安排了高铁接站的志愿者服务队，还连夜修好了新的停车场，可谓有求必应。

常有人说"一认真你就输了"，意思是待人接物别太较真。而淄博的认真态度引发了那些持有旧观念的人的深思与反省，让他们心生肯定和敬佩。淄博一认真，就赢了。于是，大家把各种猜想和期待都倾诉甚至是强加给了淄博。淄博定制了"烧烤公交专线"和高铁的"淄博烧烤旅游专列"，从住宿、旅游、治安、市场监督等方面做好城市服务保障。淄博景象再现了附近的烟火气、身边的美好以及眼前的真爱。不修饰、不造作的，才是最有生命力的。黑龙江广播电视台《汽车时代》栏目制片人在其自媒体号"真话厂厂长"上发布了一段浏览量过千万的视频，道出了亿万网民的心声：

今天刚进淄博，第一感觉是它和其他城市好像没有太大区别，城市建设并不是"土豪"级，美食和别的地方也差不太多。我就在想：到底淄博发生了什么才成这样的呢？仔细观察本地人——公务员啊，小商贩啊，观察他们每个人的表情和状态之后，我似乎找到了答案。每一个人的从容和热情都不是装的，装是装不出来的。这里的老百姓是一种什么状态呢，就是生怕自己的一言一行破坏了来之不易的城市形象。真的一点都不夸张，（他们）像爱自己一样爱自己的城市，爱外地人超过了爱自己。这正是我们已丢失的城市，能给人荣誉感和责任感的城市。比如小商贩讲诚信、机关大院里设停车场、各单位厕所对外开放、私家车免费接送游客，单拎出来任何一件事都不算太难，但是所有的事加在一起，步调统一，这太难了。不得不说，淄博的管理也有严苛的一面，比如"五一"旅游季卖东西的商家，谁不想涨点价？淄博一面严控，一面扶持引流，通过流量让商家把"没涨的价"翻倍赚了回来。淄博已经走向良性循环了，这不是一两天形成的。我知道很多人对淄博有负面的认知，就像各地文旅局局长拍抖音，很多人不也说是跟风吗？如果淄博也是一种风气，那我们希望这股风越刮越猛，刮遍齐鲁大地，席卷全国。

人民网以一篇名为《淄博烧烤爆红，靠的是为消费者着想》的评论文章，对淄博城市景象予以了肯定："淄博烧烤爆火之中，最令人感动的无疑是当地淳朴善良、热情好客的市民群众。志愿者走上街头帮助引导游客、烧烤店主诚信经营维护良好形象、铁路工作人员把热情服务做实做细、普通群众自发为外地游客送礼物……在这场以美食为媒介的'温暖奔赴'中,我们看到每个人都以高度的使命感和责任意识,共同呵护来之不易的城市品牌……"淄博让我们看到了人人有责、人人尽责、人人享有的社会治理共同体的影子。

2023年4月末,潍坊文旅局局长权文松带队直奔淄博烧烤摊,盛情"邀客"。他们送上潍坊风筝和西红柿、黄瓜等土特产,并表示,希望大家在淄博游玩后,再去潍坊玩一玩。次日晚间,日照的文旅局局长赴淄,发出了同样的邀请。紧接着,泰安、德州、滨州甚至省外的城市管理者们也坐不住了。

文旅局局长是公务员队伍中的特殊角色,如同城市"推销员",频繁曝光在媒体和公众面前,以其看家本领向全国乃至全球推介城市文旅产品。这种工作的特征要求他们一改严肃面孔,言谈举止散发点文化气息。就在淄博之火烧得最旺时,四川甘孜文旅局局长刘洪、湖北随州文旅局局长解伟等领衔上演的"局长视频秀"也风靡全国。

2023年2月以来,四川、湖北、新疆等多地的文旅局局长相继在社交平台上亮相,为家乡代言、为旅游助力,引起了广泛关注,其中不少成了"网红局长"。四川甘孜文旅局局长刘洪于2021年3月开通短视频账号,一年内发布了近百条短视频,全网曝光量超过46亿。英俊帅气的刘洪发布的一条介绍泸定县化林村景区的视频吸引超过1亿人次观看,获得174.8万次点赞、4万条留言。化林村景区旅游随即成为热门"打卡地"。据抖音发布的数据,甘孜州是除成都以外,近两年四川省在抖音平台上最受网友关注的市/州。2023年前五个月,甘孜州共接待游客1237万人次,旅游综合收入133亿元,两项数据同比2022年分别增长了76.15%和74.91%。

由此可见，骑马射箭、载歌载舞的文旅局局长对于疫情后出现的文旅消费小高潮功不可没。

话题再回到淄博。

某天，淄博一名出租车司机与游客的对话视频被传到网上："城市是大家的城市，城市形象需要共同维护。""像我们开出租，不打表的、拒载的，只要被投诉，立马停运。烧烤摊位坑人骗人的、收费不合理的，立马关门。市领导说了，谁砸了我们的锅，我们就砸谁的碗！"一名普通的出租车司机有如此强烈的城市荣誉感和服务意识，值得称赞。城市服务是一个环环相扣、各环节协力运转的链条，住宿、餐饮、交通等都是其中的不同环节，任何一个环节稍有差池，都会让游客体验大打折扣，影响城市口碑。

1984年，我国城市经济体制改革全面展开。四十年来，我国各城市持续探索经济和社会发展良方，力求满足人民对美好的城市生活的期待。时至今日，社会更加迫切地期待一个可供研究的城市良法善治的改革实践样本，一个立体的、沉浸式的样本，而非字面上的、报告里的样本。幸运的是，淄博刚好吻合了这个样本的所有条件。淄博不负期待，接连回答了人们最关切的一系列城市之问，启发了人们对城市现代化治理的时代思考。

我国城市社会变化的速度超过了体制、机制改革的速度，新问题不断向旧的管理观念、制度、习惯提出挑战，于是"中国式城市现代化"成为推进城市制度改革、实施城市现代化治理的引领思想。学术界奋笔疾书，不断描绘着"城市治理现代化"的历史意义、时代价值、逻辑框架、主要内涵、实现路径和未来构想，可谓知无不言，言无不尽。可人们并不满足于此，还是不停地问："它到底长什么模样？"而淄博直观地呈现了城市治理的美好前景，点睛式地回答了一系列时代之问，触发了对"城市文明秩序""疫情后市场复苏""社会诚信困境""工业城市转型"等话题的全民大讨论。

第二篇　谁主城市沉浮？

我一直牵挂着资源枯竭型城市，惦记着这些城市经济怎样、人民生活怎样，我这次就是专程来看看。在资源枯竭型城市发展转型过程中，首先要把民生保障好，把困难群众的生活保障好，让老百姓的生活过得越来越好。

　　——2018年9月28日，习近平总书记在抚顺矿业集团西露天矿实地考察时表示

　　高质量发展综合绩效评价是地方各级党政领导班子和领导干部政绩考核的重要组成部分，要对应创新、协调、绿色、开放、共享发展要求，精准设置关键性、引领性指标，实行分级分类考核，引导领导班子和领导干部抓重点破难题、补短板锻长板。

　　——中共中央组织部《关于改进推动高质量发展的政绩考核的通知》

第四章　城市角逐：资源竞争转向治理竞争

失落的重工业骄子

每个城市都有它兴起的理由，或因开埠，或因政治中心迁移，或因举办了一次重大的国际活动，或因发现了丰富的矿产资源。自1878年开平矿务局诞生以来，百余年间，煤炭资源将中国数十个大中型城市推上了工业时代的主舞台。河北唐山因煤而兴，河南焦作、平顶山因煤而兴，安徽淮北、辽宁阜新、陕西榆林因煤而兴。山西多数城市因煤而兴。

淄博，亦因煤而兴。淄博煤炭资源主要集中在淄川和博山两地。淄川，取名于淄水。淄川之地，秦属齐郡。西汉初年建般阳县，隋开皇十八年（598年）为淄川县。"博者，多也"，淄川县以南数十里外，群山连绵，千峰耸立，是以盛产陶瓷、琉璃、煤炭而闻名遐迩之地，于是以"博山"命名。淄博矿务局坐落在胶济铁路沿线淄川和洪山一带，曾是华东地区重要的煤炭工业基地，其煤炭产量曾一度占山东省的半数以上。鉴于淄川、博山煤矿工业的重要地位，新中国成立之前的几年间，曾三次建立淄博特区，对淄博所有矿区和配套产业进行统筹管理。1953年2月，淄博矿务局成立，隶属燃料工业部煤炭管理总局华东煤矿管理局。2002年4月，经山东省经贸委批准，淄博矿务局改制为淄博矿业集团，后划归山东能源集团有限公司所有。近年来，因煤炭资源枯竭和煤矿的政策性关闭，淄博煤矿数量和原煤产量大为减少。

淄博是黄河流域下游城市，距黄河入海口只有200公里左右。与黄河中上游城市相比，淄博的煤炭储量可谓相形见绌。据统计，黄河流域煤炭产量占全国的70%，因此黄河流域成为全国重要的能源原料（煤、钢、电、化工）基地。

位于黄河中游的山西省是全国煤炭大省。山西煤炭资源具有分布广、品种全、煤质优、埋藏浅、易开采等特点，全省含煤面积6.2万平方公里，占全省面积的40.4%。山西煤炭行业最繁荣的时期，正值中国制造业发展的黄金时代。然而，在资源型城市享用自然遗产福利的几十年里，东部城市逐渐走出了粗放加工赚"辛苦钱"的模式，着力发展技术、人才、资本等更为活跃的市场要素，势头超过了黄河中上游地区。

要想发挥煤炭资源的工业生产价值，首先得想办法把它运到生产现场。1904年，山东境内第一条铁路——胶济铁路全线通车，在淄博设立货运站点，使淄博成为北方最重要的煤炭输出地之一。基于交通优势，周边规模较大的工厂相继出现。新中国成立以来，淄博扮演起北方工业重镇这一角色。1982年，山东省GDP达到395.38亿元。之后的三年间，山东经济领跑全国，直至1986年被江苏超越。山东经济荣膺"四连冠"，背后原因有三，即人口基数大、国有资产占比高和重工业繁荣。在重工业领域，淄博对山东省贡献甚多。

重工业不是贬义词。在生产资料匮乏、消费水平相对低下的时代，人民对经济结构和质量并不敏感，关注点主要在增加值上。例如，淄博炼一吨铝，比泉州加工千余条裤子的增加值高；沈阳制造一台机械设备，比温州生产上万个塑料盆更让人有成就感。化工、冶金、造纸、机械制造等这些看似"傻大黑粗"的工业门类，在改革开放初期是"高质量发展"的完美画像。随着工业化进程的深入，产业项目同质化愈加严重，产能由"不足"沦为"过剩"，"高质量"三个字的内涵渐渐发生了变化。淄博这个曾经跑赢整个赛场的重工业先锋，被裁判员吹了哨儿，亮了黄牌。曾经以石油、煤炭等资源为傲的城市不再受追捧，甚至令历任书记、市长犯难。它负重前行许多年，步伐还不能比其他城市慢，因此不得不遮遮掩掩，装出一副举重若轻的样子。

之后的若干年间，强烈的危机感迫使淄博渐渐摆脱了对能源产业和重工业的依赖。这要感谢周边的潍坊、滨州、烟台、青岛等兄弟城市。如果没有与它们深化协作关系，淄博的轻工业、服务业也不会迅速成长起来。区域间经济的多样性，加之有效的分工协同，较早地推动了淄博由一个资源型重工业城市向新兴工业城市转型。

与淄博命运相似的城市，还有唐山。

唐山因煤而建，因钢而兴。唐山开埠迄今140多年，享有"中国近代煤炭工业源头""中国北方民族工业摇篮"的美誉。

唐山开滦煤矿比淄川煤矿早出现26年。不同的是，开滦煤矿为清末官办产业，淄川煤矿为外国垄断资本的掠夺性产业。1876年，清直隶总督李鸿章委派唐廷枢筹办开平煤矿。1878年，开平矿务局成立。1900年，八国联军侵华后，煤矿决策者选择托庇于英国。新中国成立后，政府将开滦煤矿收归国有，在对原有煤矿进行改造后，恢复生产，并且新建了矿井，其中范各庄矿是我国第一座自行设计的年产180万吨的大矿井。有人说，一部开滦煤矿史，就是一部中国近代煤矿业的发展史。

淄博和唐山的产业相似度很高。除了采矿业，二者在陶瓷、纺织、冶金和化工领域都有一定的地位，但淄博的经济总量只有唐山的一半。以2022年为例，淄博GDP为4402.6亿元，唐山GDP则为8900.7亿元。二者的主要差别在什么地方呢？

首先是煤矿。近年来，因煤炭资源枯竭和政策性关闭，淄博煤矿数量从最多时的300多，缩减至个位数。唐山开滦煤矿实现营业收入870亿元，其中非煤收入占到了80%以上，煤化工产品总规模达到860万吨。不过，真正拉开唐山与淄博经济总量差距的是钢铁产业。钢铁是唐山立市之基。新世纪伊始，受环保政策影响，盛极一时的唐山钢铁产业被迫转型。国务院办公厅曾转发国家发展改革委等部门关于制止钢铁、电解铝、水泥行业盲目投资若干意见的通知，要求各相关部门和机构认真贯彻执行，而唐山因政策贯彻不力被点名批评。唐山全市70家钢铁企业，80%没有经过环评，钢铁行业无序发展，已造成严重的环境污染。调查显示，2003年以后新增的炼钢产能中，经有关部委核准的项目产能不到全部新增产能的20%，绝大部分产能未经核准、环评和科学论证。除唐钢外，唐山新建钢铁企业总产能超过1000万吨，但这些建设项目只是得到了地方政府的许可。唐山钢铁业迎来了最剧烈的波动。虽然钢铁产业受到政策制约，但"瘦死的骆驼比马大"，唐山的经济总量一度位居全国地级城市前30名。而今，唐山是河北省第一经济大市，其支柱产业仍然是钢铁、煤炭、水泥、陶瓷及相关产业。2020年，唐山全年规模以上钢铁企业实现主营业务收入7020.5亿元，占全市规模以上工业企业的58.8%。也就是说，钢铁占据了唐山将近六成的工业销售收入。

面对唐山的高钢铁产能，淄博只能甘拜下风。2018年年底，山东全省的钢铁总产能为9000万吨左右，不及一个唐山市的。2022年，济南、淄博、聊城、滨州等传输通道城市的钢铁企业产能退出70%以上。2018年淄博市政府印发的《淄博市新旧动能转换重大工程实施规划》多处提及落后产能的"压减"，包括压减淘汰低效装备制造产能、压减炼铁产能和粗钢产能、压减电煤等。淄博这些年在传统工业领域做的减法比加法多，这或许是淄博GDP尚不及唐山的一半的主要原因。

产能过剩是传统工业的通病。根治过剩，不能仅靠关停、限产和改变生产方式，更关键的是要对旧的发展理念下猛药。在企业高度依赖土地、资金、劳动力等传统生产要素的时期，大部分城市不断上演这样的剧情：投资人通过一纸项目计划书获得政府批地，随后将土地质押融资，获得银行授信后采购设备，建设工厂，通过经营盈利、还款还息并获得续贷，如此循环往复。假如企业不盈利怎么办？投资人会虚报经营情况续贷，挖掘新的质押条件获得授信，获得资金还项目贷款，即"拆东墙补西墙"。如果最后无力还贷，可以进行债转股或被"接盘侠"收购，改头换面，"东山再起"。糟糕的是，住宅市场化、互联网投资市场兴起之后，实体经济获得的利润开始注入其中。上述时弊屡治无效、屡禁不止的深层次原因，可以总结为急功近利的政绩文化导向、变本加厉的金融杠杆、低廉的违法成本和信息不对称。

供给侧改革的利刃砍向了阻碍社会主义市场经济高质量发展

的每一个症结。例如：党的十九届四中全会提出"健全劳动、资本、土地、知识、技术、管理、数据等生产要素由市场评价贡献、按贡献决定报酬的机制"；《国家创新驱动发展战略纲要》明确指出，要发展智能绿色制造技术，推动制造业向价值链高端攀升，重塑制造业的技术体系、生产模式、产业形态和价值链，推动制造业由大到强转变；《关于支持"专精特新"中小企业高质量发展的通知》要求，通过中央财政资金进一步支持中小企业高质量发展；等等。在制度和产业政策的作用下，银行税务征信联网，卫星巡查违法用地，银行贷款审批权限上收。权力管严了，土地管死了，货币管紧了，信息透明了，情面不好使了，舆论监督越来越有效了。我们期待着，投机主义下的"大肚腩"渐渐成为"肌肉男"。

河北有唐山，淄博也有个唐山。

唐山镇，隶属于淄博市桓台县。2023年5月，光明网转载了人民网的文章《淄博又上大分！这次不是烧烤》，再次介绍了淄博的"长者食堂"。数据显示，按照"城区扩面、农村建网、示范引路、加速铺开"的思路，经过一年多的建设发展，淄博市已建成长者助餐服务设施1000余处，月均服务老年人30万人次，形成了"日间照料中心+长者食堂""农村幸福院+长者食堂"等多种发展模式，有效解决了广大社区居家老年人的"一餐热饭"问题。

唐山镇的养老工作名声在外，而其氟硅材料产业则深藏不露。21世纪之初，淄博在唐山镇辖区的基础上建立了东岳氟硅材料产业园区，后更名为淄博东岳经济开发区。氟硅材料广泛应用于军工、航空航天、石油化工、机械、建筑、电子信息、电力电器、汽车、轻纺、医药、农业、环保、食品和新能源与战略性新兴产业等工业领域和高新技术领域。目前，这里已经成为亚洲最大的氟硅材料生产基地。

粗放型工业壮实了城市的腰板儿，却也掏空了城市的元气，社会自调节、自修复的生态机制已被破坏。欧洲工业革命两百多年来，以工业为主导的城市文明日渐式微。城市应有它自己的文明形态，不受工业、农业、商贸和资本裹挟。就像淄博，人们看到的是浓郁的烟火气、厚重的人文风情、满满的幸福感，全然没有觉察它曾是一座以煤炭发家并在全国具有盛名的冶金、化工、焦化产业重镇。城市文明中的以人为本，指的是创新、协调、绿色、开放和共享。

新时代的指挥棒

品尝过焦香诱人的烤串，目睹了排队消费的盛况，不少人认为这是淄博转型与崛起的前兆。为了更好地理解人们口中的"转型"一词，我们有必要再补充介绍一些淄博从资源型城市向新兴工业城市变迁的背景和过程。改革开放以来，虽然淄博被赋予振兴工业的重任，但也背上了落后产能的包袱：传统产业占70%，重工业又占传统产业的70%。资源枯竭和工业污染的阴影渐渐笼罩了淄博。我国关于资源型城市可持续发展的首部专项规划《全国资源型城市可持续发展规划（2013—2020年）》界定了全国262个资源型城市，并根据它们的资源保障能力和可持续发展能力的差异，将其划分为成长型、成熟型、衰退型和再生型四种类型，明确了不同类型城市的发展方向和重点任务，提出了建立健全的开发秩序约束、产品价格形成、资源开发补偿、利益分配共享、接续替代产业扶持等有利于资源型城市可持续发展的长效机制。在262个资源型城市中，成长型城市有31个，成熟型城市有141个，衰退型城市有67个，再生型城市有23个——唐山、淄博、徐州、包头等位列其中。

资源型城市是该"守城待援"还是"出城突围"？

2015年，第70届联合国大会通过了《2030年可持续发展议程》。2016年元旦该议程正式启动，呼吁各国采取行动，为在今后15年内实现17项可持续发展目标而努力。与这17项目标相呼应的中国政治纲领，是十八届五中全会提出的"新发展理念"——创新、协调、绿色、开放、共享，它也为传统工业城市的转型规划了一条艰辛的改革路线。新发展理念是"指挥棒""红绿灯"，回答了关于发展的一系列理论和实践问题，阐明了政治立场、价值导向、发展模式、发展道路等重大政治问题。唯有经历断尾、断臂之痛，城市经济秩序才有可能从野蛮走向理性，从高速度走向高质量，企业投资才能回归理性。

2020年，我国明确承诺，力争在2030年实现"碳达峰"、在2060年实现"碳中和"的目标。目前，很多发达国家已经实现碳达峰，如英国、德国在20世纪70年代实现了碳达峰，美国于2007年实现了碳达峰。而按照《巴黎协定》要求，它们应于2025年前实现"碳中和"。这些国家主要的减碳措施是制造业外包，即将钢铁生产、火力发电这些高污染、高排放的制造业企业外包给发展中国家，而它们自身享有产品的最终价值，同时不承担减排责任。在现行的国际分工和产业链中，发达国家为了降低成本，向发展中国家转移重污染的低端产业。我国要在更短的时间内实现碳中和，制造业外包的方法行不通，只能依靠发展新能源和绿色科技等方法，凭借自身力量实现减排和资源循环利用，所以，产业改革的压力要比其他国家大得多。

改革的利刃悄悄地架在了淄博传统工业企业的脖子上，规则洗牌，家底曝光，银行、税务、人社、政采、市场监管以及社会信用体系大联网，多数企业迎来了一场环保大考、信用大考，过去的那套把戏耍不动了。随后，企业优胜劣汰的趋势更明显了。政府给臃肿的国有企业动大手术，让体弱多病的民营企业寿终正寝，遴选年轻气盛的瞪羚企业和独角兽企业挑起大梁。2018—2022年，淄博向化工、钢铁、焦化、建陶、水泥等高污染行业的落后产能宣战，累计关停、取缔"散乱污"企业1.04万家，化工园区由28个整合为6个，化工企业从1135家减少到514家。淄博关停了全部钢铁企业，压减钢铁产能近600万吨，焦化、电解铝行业产能全部出清；关停了建陶企业144家、生产线214条，产能由8.27亿平方米压减至2.46亿平方米；压减水泥熟料产能4万吨、煤炭产能70万吨，为新动能发展腾出了宝贵的能源空间。

坊间一直有这样的解读："山东是中国的缩影，解决好山东的问题，就解决了中国普遍存在的问题。"淄博火了后，又有人说淄博是山东的缩影。这种说法的确有可取之处。近六年来，按照中央的统一部署，山东展开了史上最大力度、最大规模的去产能、去杠杆、环保治理和产业结构调整工作，"断臂求生""总量瘦身"，以提升经济发展质量。以淘汰落后产能为例，2018年，山东作为"钢铁大省""用煤大省"，化解生铁产能60万吨、粗钢产能355万吨、煤炭过剩产能485万吨。了解了山东义无反顾的转型部署，就更容易理解淄博劲头从何而来。

我国几乎所有重工业城市都经受了改革开放以来最高疼痛等级的蜕变之痛。在新发展理念的影响下，短期主义者开始深刻反省，冒进的投资者学会了理性思考，由GDP指标主导的城市经济发展模式被重构，全要素生产率、绿色低碳、双循环、共同富裕等新考核指标登场。这意味着，城市经济增长速度在短期内可能下降，城市债务压力增大，财政运筹吃力，甚至失业率攀升。在2022年9月"山东这十年·淄博"主题新闻发布会上，淄博市委书记马晓磊用"八个变、八个新"介绍了党的十八大以来淄博老工业城市凤凰涅槃的生动实践。在2021年度山东省各市高质量发展综合绩效考核中，淄博位列一等；2021年一季度，新材料、智能装备、新医药和电子信息"四强"产业增加值占规模以上工业增加值的"半壁江山"；高新技术产业产值占规模以上工业总产值的47.1%，高新技术企业数量在10年内增长3.6倍；创立了"刑责治污""全员环保"机制，使万元GDP能耗比10年前下降45%，空气质量优良天数比2013年增加一倍，环境空气质量改善幅度、水环境质量指数获全省"双第一"。

新时代的指挥棒不是神奇的魔杖，而是一把寒气逼人的改革尖刀。在新的指挥棒之下，淄博艰难地完成了第一个乐章的演奏。正当众人热烈鼓掌，庆祝转型胜利，打算放松一阵子时，背后突然传来一个洪亮的声音："改革永远在路上，改革之路无坦途。"是啊，你们以为苦尽甘来了？不，苦日子才刚开始。

矛盾的转向

工业赋予了城市发展的底气，人口的激增则为城市带来了持久的动力。新型城镇化和城乡融合发展取得新成效的同时，城市正面临着社会治理制度滞后的挑战。旧机制与新需求之间产生的矛盾，如"新马拉旧车"，"新马"代表了城市发展的新要求、新理念，旧车是传统思想、体制机制和产业结构的束缚。"新马拉旧车"，虽能勉强行驶，但效率受限。例如，起步于20世纪60年代的淄博主城区的空间布局，已经落伍于国内一些"零基础"、新规划的城区，甚至成为城市活力衰退的主要原因之一。淄博人口老龄化加剧，2021年60岁以上老年人口占比为23.24%，65岁以上老年人口占比为16.5%，两项数据均高于同年全国平均水平，城市养老服务工作面临挑战。在日趋多元化的社会矛盾面前，改革是唯一出路。要通过迁建、改造、置换等手段增加城市空间适应性，通过对地方法规、政策、规划的改革提升制度适应性，通过推动"烧烤'出圈'"等一系列活动为城市添加文化活力。

其实，2023年的第一波"人间烟火"并不是淄博点燃的，而是从全国各城市社区烧起来的。元旦前后，不少城市居民用燃放烟花的方式表达对疫情过后美好生活的向往。不知烟花是谁带头卖的，也不知道是谁带头点的，反正一传十、十传百，一夜之间，亿万家庭加入了燃放烟花的队伍。情急之下，各地紧急发布禁燃令，动之以情，晓之以理，多个政府部门和街道办联动，一边禁燃，一边适当控制烟花流通。或许考虑到法不责众，或者因为人手有限，街道、社区层面并没有强制实施禁燃令，连续半个月，大人小孩都陶醉在火树银花的欢乐之中。这半个月里，12345市民服务热线受理的投诉数量明显增加：部分市民认为燃放烟花影响了自己的正常作息，增加了火灾隐患，更无法忍受半夜突然听到一通响彻云霄的"空中双响"。面对市民不同的利益诉求，城市管理者陷入两难境地，只能陪着市民耗时间——时间久了，燃放者与反对者双方都没情绪了，问题最终不了了之。很多情形下，不了了之也许是最好的结果。

有人的地方就有矛盾。在人口高度聚集的城市里，产生矛盾是市民的家常便饭，而解决矛盾是城市管理者的基础功课。城市社会矛盾产生的深层次原因，包括人口迁徙与融合过程中的价值冲突，公共秩序和法治的要求与传统社会观念之间的冲突，过度的资源消耗和自然环境有限承受力之间的冲突，居民生活需求与城市建设滞后之间的冲突，等等。"冰冻三尺，非一日之寒"，长期积压的问题很难在短期内化解。城市社会矛盾既有结构性的，也有偶发性的。淄博在爆火期间亟待解决的矛盾之一，就是城市网红效应给居民生活带来的困扰。

一个井然有序的工业城市，突然间涌入数十万游客，居民的生活秩序定然会被扰乱。八大局便民市场位于淄博市张店区，因20世纪八九十年代财政局、教育局、卫生局、农业局等淄博市政府八个局委在此办公而得名。八大局便民市场附近人口聚集，是主要生活区之一。尽管辖区街道办采取了一些措施避免噪声、交通拥堵等扰民问题，反对之声仍然不少，时刻考验着辖区街道、区政府以及整个淄博市的管理者们化解冲突、解决矛盾的智慧。

从城市治理角度看，矛盾不是由人的道德问题、情绪问题引发的，而是在制度安排之下，由各社会角色之间的结构性冲突决定的。例如，乘坐飞机的人经常会见到这样的景象：前面的乘客放行李时堵住了过道，后面的乘客无法通行，空乘人员便不断喊话催促，有时大家还会因此发生口角。南航曾在部分航班上试行"分舱登机服务"，让乘客按照座位前后顺序，由后向前依次登机，这样就避免了飞机过道上"塞车"的情况，提高了登机效率。后来，又有航空公司优化了方案，即在由后向前依次登机的基础上，让座位靠窗的乘客先登机，之后是座位在中间的乘客，最后是座位靠近过道的乘客。机场的相关工作人员表示，这种登机方式可以使登机速度加快10%。这个创新的方法实际上是在调和机舱内各角色之间的矛盾。其一，机舱是固定的，登机规则、座位排序都受制于它的空间格局；其二，空乘人员需要敦促所有人在规定时间内登机落座；其三，机舱存放行李的空间少，许多乘客都在抢先存放行李；其四，被堵在过道的乘客很着急，想尽快落座。可以看出，人们在特定的场景中扮演着不同的角色，受条件制约，角色与角色之间形成了既定的矛盾关系，从而可能产生冲突。小冲突靠公德约束能化解，尖锐且普遍的矛盾则需要靠管理角色来调和，需要通过制定不同的规则、要求和服务策略来解决。

如果城市管理者设计的制度、提供的服务、开展的监督是科学有效的，各角色之间发生矛盾的概率就会减小，人们的体验感就会比较好。

当然，众口难调，再科学的制度也无法同时满足所有人的利益诉求。所以，在制度框架下寻求灵活的调解方法，是有必要的。街道、社区一级的治理者实践创造出各种变通之法，选择性地解决了一部分人的矛盾。这些做法俗称"开口子"，即在法律、政策允许的范围外给矛盾双方特殊的优待，使其放弃诉诸法律。"开口子"体现了"搞定就是稳定，摆平就是水平"的治理哲学。然而，一旦"开了口子"，可能就会有更多的人等着"开口子"。无原则地"开口子"有失公平，会导致公众产生"老实人吃亏"的感受。

那究竟应该怎么办呢？笔者会在后续章节讲述基于法律制度

的民间调解机制。城市是人口高度聚集的生活空间，也是社会高度分工、角色高度分化、价值和利益冲突持续发酵的陌生人世界。矛盾和冲突是城市永恒的主题。城市越开放，规模越庞大，其矛盾和冲突的形式就越复杂。值得注意的是，过去城乡之间的对抗性矛盾，已演化为城乡在空间、经济、文化等方面的融合性矛盾。这就像将沙场上对垒的两军整合编制成为一支军队，看上去弟兄们合而为一，队伍好带了，但其实麻烦事更多了。融合中最典型的矛盾是排异，这是因为人与人、群体与群体之间的价值观相异，习惯相异，利益诉求也相异。那么，城市管理者应该怎么做呢？治理的目的并不是排除异己，而是建立共识、求同存异。

人本主义社会的特点是以人的全面自由发展为目标，而不是以资本主义（只论财富多寡）或神本主义（只听神的指令）为行动纲领。这在我国的制度政策、文化习惯和人文信仰之中皆有体现。人本主义社会也有不少要解决的难题，比如在设计管理原则时，应该以哪些人为标准。在利己主义价值观的熏陶之下，"以人为本"常被误读为"以己为本"，每个人都认为自己是社会的主角，诉求必须得到尊重，于是人民的角色被分化，城市治理的难度就更大了。所以，社会文化认同、价值共识、精神文明建设成为我国新时期发展的一项紧迫且严峻的任务。

第五章 "创城"背后的两难选择

文明真是"罚出来"的吗？

淄博街头小摊贩与城管执法人员和睦共处的画面让人赞不绝口，却也给造谣者提供了可乘之机。有人发消息称："淄博城管人员全部退出，淄博将成为老百姓自己的城市……"这条消息快速发酵，引发热议。几天后，淄博市城市管理局发布辟谣声明："近日，网上出现的'淄博清退城管''淄博取消城管''淄博城管人员全部退出'等信息，经我局核实为虚假信息。请大家不要信谣、传谣。"

常被人们简称为"城管人员"或"城管"的城市管理执法队伍，是指城市管理执法主管部门按照《城市管理执法办法》以及权责清晰、事权统一、精简效能的原则设置的执法队伍。同时，城市管理执法主管部门可以依法设置协管岗位，配合执法人员从事执法辅助事务。《城市管理执法办法》明确规定："协管人员从事执法辅助事务产生的法律后果，由本级城市管理执法主管部门承担。"城市管理执法人员是依法、依规治理城市违法行为、维持公共秩序的管理角色，重要且关键。可为什么人们对"取消城管"表现出惊人的赞同态度呢？

城市秩序的建立，主要依靠强制性的法律法规和非强制性的道德规范。新中国成立后，各地相继制定了专门的城市管理法规，配套了专业的队伍。城管队伍用手中的执法权为城市秩序提供了保障，但也可能触动部分人的利益，引发抵触情绪。

新加坡前总理李光耀曾说："我相信，一个国家如果要发展自己，更需要纪律，而不是民主。"[①] 众所周知，新加坡的文明秩序是建立在严苛的法度之上的。对于破坏文明秩序的行为，在李光耀时期就制定了严格的法律以及罚款标准。例如，乱扔垃圾，首次触犯最高罚款1000新元，第二次触犯最高罚款2000新元，第三次以上触犯罚款5000新元。在2014年新加坡国会通过的新方案中，罚款金额在此基础上又翻了一番。所以有人称，"新加坡的文明是罚出来的"。在街头小摊贩管理方面，新加坡国家环境局下设小贩署，小贩署的稽查队通常四人一组，配备一名持枪保安。稽查员确认违法事实后，有可能将摊主的商品一并罚没。在这个过程中，稽查员与摊主不会有争吵或冲突，公民皆尽义务配合执法。

在不同国家，城市管理的执法工作方式大同小异。在流动摊贩的管理上，大家都制定了相应的法规，对"谁来管理、如何管理"这些问题有详细规定。

英国各城市规定了各条街道摆摊售卖的权限，明确了罚款金额。部分城市政府的官方网站列出了举报方式，市民随时可以举报，违

[①] 李光耀著，郑瑜麟、侯武发编，陆彩霞译：《李光耀谈治国、管理和人生》，上海译文出版社，2018年。

犯法律的街道摆摊者将被处以高额罚款。对于城市清洁工作的管理，大概也是依照这种模式。例如，伯明翰市议会官网公示，市民可以通过在网站上留言或者拨打电话联系相关部门，要求移除动物尸体、清扫落叶或者增加环境卫生设施，市议会将雇清洁公司执行。

　　印度的城管执法工作由警察承担。新德里的萨罗基尼市场位于该市比较富裕的南区，是很有名的综合性市场，市场内大约有4000名没有执照的流动商贩，贩卖手机壳、首饰、衣服等日常用品。每天下午四点是萨罗基尼市场最热闹的时候，并非因为顾客多，而是因为一辆满载警察的卡车会驶进市场里。萨罗基尼市场内的通道很狭窄，勉强能容纳一辆卡车通行，所以载满警察的卡车总是慢悠悠地前进。车上的警察虽然人手一根木棍，却一脸放松，甚至有些懒散。无照经营的摊贩听到市场外响起熟悉的卡车轰鸣声，会互相传递消息，而后包裹起东西散去。当然也有些不机灵的小贩会被警察抓住，他们的东西会被扔上卡车，不过整个过程并不粗暴，冲突性不强。这场看似"游戏"的场景在萨罗基尼市场中经常上演，警察与小贩似乎已经形成一种默契：警察例行公事般在街道间穿行时，小贩全部消失不见；警察一走，小贩又从市场的各个角落里钻出来。

　　据了解，在印度的1000万街头摊贩中，30%做食品小吃生意。其中首都街头的食品摊贩有30万—50万个，不仅他们依靠街头摆摊维持生计，还有几十万人的消费群体，包括上班族、学生、游客等都依赖街边小食摊解决吃饭问题。2009年，印度出台了《关于城市街头摊贩的国家政策》，其中明确指出，街头摊贩是城市零售体系中合法的有机组成部分，是印度无组织门类中一个非常重要的部分。据估计，在某些城市里，街头摊贩数量约占人口数量的2%。在几乎每个城市的街头摊贩中，妇女都占很大比例。街头兜售不仅是城镇贫困人口自我就业的一种手段，而且为大量的城市人口提供了"可负担得起"和"便利"的服务。2009年印度出台的这一政策还借用了国际上对流动摊贩最常使用的划区管理办法，即开辟专门区域让商贩开展经营活动。

没有无缘无故的文明，也没有无缘无故的处罚。淄博城市文明秩序的养成，也是建立在数十年如一日施行的惩戒管理制度之上的。

从2004年起，淄博颁布了多条针对城市管理的法规。2013年，淄博出台《淄博市户外广告设置和建筑物外立面保持整洁管理条例》。2018年，淄博修正了《淄博市市容和环境卫生管理办法》。随着市民文明自觉性的不断提高，行政处罚的内容和方式也有所改善，所以到了2020年，淄博又公示了《淄博市轻微违法行为不予行政处罚和一般违法行为减轻行政处罚事项清单（2021年版）》。从近年来淄博颁布的法规名称以及执法流程和执法方式的演变可以看出，城市文明治理从"以罚代管"走向了文明自觉。有了全民性的自觉，处罚者的角色渐渐弱化，今天的淄博才有勇气、有资格立誓成为"一座最有爱的城市"。

不过，文明真的都是罚出来的吗？

笔者认为，依靠重罚建立的秩序，很难称之为文明。2010年，据英国媒体报道，埃及文物管理部门发表声明称，考古学家发现了一些金字塔建造者的墓穴，表明金字塔是由受雇的自由民而非遭受残暴压迫的奴隶建造的。自由民不仅可以取得报酬，还可以免费吃住。有学者进一步分析认为，建筑文明不是胁迫出来的，在残暴的压迫下，劳动者不可能有巧夺天工的创造力。这一论断是合乎逻辑、合乎情理的。城市治理亦是如此。尽管严苛的制度对于规范人们的行为、建立秩序有强大的震慑作用，但它的副作用也很明显：较难让市民产生同理心以及持久的城市价值认同。城市文明秩序的形成，有赖于刚性制度内包含的一种弹性。上海财经大学陈忠教授在其论文《城市社会：文明多样性与命运共同体》中指出，城市与文明相共生，城市社会是人类发展的重要趋势。"对城市而言，在状态与能力的统一中，文明弹性也就是一个城市体在生存、创新、适应、应变等方面的综合状态、综合能力……是公共性与私人性之间、多样性与共同性之间、稳定性与变迁性之间、柔性与刚性之间的动态和谐。过于绵柔、松散，或者过于刚硬、密集，都是弹性不够或丧失的表现，都是城市体出现危机的表征。"拥有良好的文明弹性，是在文明城市的创建模式中为"环境创建"和"民心创建"找到平衡点，让承担不同社会角色的市民都感受到来自空间、制度和其他市民的温暖。

要予以制度足够的弹性，是由我国人口基数大、文化风俗多样和阶层利益诉求复杂决定的。我国如果照搬新加坡等国的执法制度和经验，产生的副作用可能更大。管理者皆知惩戒、处罚效果好，能够立竿见影，但这种方式有其局限性。大国治理不同于小城邦管理，对于极其复杂且适宜分类施治的事务，地方要因地制宜地立法和有弹性地设计制度。

物化的人文

某个小城市的火车站检票口处发生争执，人们迅速围住了一名挂拐的乘客和一名检票员。争执起因于检票员向一名身体残疾的乘客索要残疾人证，对方称自己"没有携带证件"，而检票员表示必须照章办事，"没有证件就无法证明你是残疾人，你不能享受残疾人待遇"。检票员照章办事是对的，与"拒绝无票者乘车"无甚差别。然而检票员的话违背了情理，给原本温暖人心的残障人士保障制度撒上了一层冰霜。文明的制度应通过执行的终端环节透彻地表现出来，甚至要融入器物。

火车站排队购票曾是个令人头疼的问题，管理痛点是时间长、队伍长、插队现象频繁。铁路系统的购票制度改革持续了许多年，从增设电话购票、网点购票，到通过实名制购票打击"黄牛"，再到现行的"无票乘车"，极大地提高了车站运行效率。针对部分乘客仍须到窗口排队办理业务的情况，车站在窗口处增设了一个"一米线排队机"。这种排队机直径约一米，沿逆时针方向旋转，它的四分之一大小的豁口每次只能进一个人。排队机限制了购票者的"加塞儿"行为，使售票人员能真正地一对一服务，也减少了购票者被偷盗的可能性。今时今日，手机端购票系统、无纸质车票乘车技术以及人工窗口前小小的排队机，皆为文明理念在器物层面的体现，我们可称之为"物化的人文"。

城市文明形态体现在三个层面上，即精神信念层面、制度行为层面和物化层面，三者辩证统一。上文所述的检票员的行为，背离了制度制定的初衷，走到了文明的对立面。而如果器物设计违背制度本意和精神理念，也将适得其反。举一个例子。在城市交通中，"翻护栏"的违法行为曾十分普遍。社会上常将具有该行为者定性为"无视交通法规"或"缺乏道德素养"。西安某个市民对翻越护栏这种行为进行了长期观察，认为该行为屡禁不止的原因是"护栏设计得不科学"，翻越难度太低，于是萌生了发明"防翻护栏"的念头。他耗时两年，研制出一套"防翻越滚筒隔离栏"，将直径为28厘米的圆柱形"滚筒"安装在1.2米高的护栏上，一旦有人强行翻越，滚筒将随之滚动，人就会掉下来。这位市民称，该发明已申请专利，未来若能推而广之，将大大改善交通文明秩序。但笔者认为，如果哪个城市真推行了这种奇特的"滚筒"发明，定会被列入人类文明史的黑名单。

城市文明的管理，于细微之处见功底。"翻护栏"现象，归根结底是机动车辆与行人利益诉求之间的矛盾，也是交通文明在器物层面的缺失——管理者为什么很少从改进交通设施的角度来考虑呢？如果城市交通设施的资金投入足够大，则有机会把人文关怀理念融入设施设计，更好地解决路面交通问题。

物化的人文能够映射出一座城市的文明水平。淄博爆火后，它的公共设施人性化的一面也被捧上了热搜，比如设计人性化的路边花坛、覆盖全城的车路协同智慧交通系统、让游客能短暂寄存行李箱的服务点以及让路边游客可以临时休息一下的小马扎，等等。其实，作为非热门旅游城市，淄博的城市服务设施基础是比较薄弱的，因此，它能在有限的条件下物尽其用，已经很不简单了。

物化的人文是一种创新的智慧。佛山市南海区大沥镇高架桥下有一座体育公园，它的设计充分利用了桥下闲置空间，解决了市民户外运动受天气、场地限制的问题。该体育公园总面积为三万平方米，园区内的设施包含13个网球场、6个篮球场、18个羽毛球场，以及儿童乐园、滑板场地等。园区内配备近百个停车位和充足的卫生间、淋浴间，让有需要的人都能在这里休闲、健身。这种多功能的设计最大限度地利用了城市空间，既提高了使用率，也满足了百姓需求，还拉动了服务经济。动动脑筋，闲置的高架桥下空间就变成了体育游乐场所。国人是不缺乏智慧的，关键是要有发现问题的细心和成事的决心，智慧都是由决心逼出来的。淄博也仿效了这一模式，在一处立交桥下建成了儿童乐园，配备了安全防护措施。游客见到后称赞道："淄博真贴心，在立交桥下建儿童乐园。30多度的天气，在桥下也不觉得热。"

制度不能像"一米线排队机"一样立竿见影地发挥作用。要想让人们形成良好的文明习惯，需要通过做宣传、让人们参与活动以及执法监督来引导。

淄博已连续四次获得"全国文明城市"荣誉。2021年的全国文明城市复评活动中，淄博在全国地级城市中排名第29，位列山东第一。2023年，淄博提出创建"一座最有爱的城市"，实施"有淄有爱"文明创建工程，确定了八大类百余件民生改善事项，发布了《齐人有礼"新风10条"》。这是一份移风易俗的倡议书，包括反对大操大办、拒绝高额礼金、减少相互攀比、摈弃恶俗婚闹、防止薄养厚葬、抵制封建迷信等，旨在培育全民文明习惯。

"有爱指数"评价可以通过手机小程序进行，包括点位测评、主题测评、积分兑换等六个板块。其中，点位测评功能是请测评者对农贸市场、城市社区、背街小巷、公共广场、行政村五类场景内的文明行为和环境设施进行打分，重点监督落实垃圾不落地、礼让行人、自觉排队、使用公筷公勺等行为。为了鼓励市民参与，小程序还配备了一些奖励计划，积极参与的测评者可以获得积分，可用来兑换商家打折券或消费抵扣券、景区门票等，或前往文明实践站、社区物业兑换抽纸、洗衣液等生活用品。"有爱指数"让看不见、摸不着的文明有了可量化、可实施的评价标准。淄博市民积极参与活动共建，将文明氛围推向极致。

前两年，与淄博位于同一纬度、同为黄河沿岸城市的山西运城也创造了一套不一样的指数体系。全国文明城市的创建范围只涉及城区，不包含乡镇和农村。考虑到创城工作行政力量投入大、过程持久，运城形成了"城乡统筹共建"的思路，即市区参与全国文明城市创建评选，下辖各县的乡镇、农村同步开展自查、自纠、自建行动。运城在《全国文明城市测评体系》的基础上启用了"运城市区域精神文明建设水平评价指数"（下文简称"运城指数"），全域统一实施。

乡镇、农村在精神文明建设中属于薄弱环节。农村的基础设施建设水平低、治理体制不完善，民众的公共秩序意识不强。于是，在村镇层面，"运城指数"的测评内容中纳入了在本地开展卓有成效的新乡贤文化活动、家风家训文化活动。此外，"运城指数"通过舆情数据（居民话题结构、热度、关键词等）来分析区县精神文明建设的水平。

"运城指数"充分证明了，区域特色文化作为城市精神的养分，无时无刻不润泽、调和着人际关系，编织着文明的式样。一句方言、一幅年画、一件手工艺品、一种小吃、一台地方戏、一句口口相传的民间谚语，都是区域特色文化内涵的表达。在2021年度全国文明城市的评选中，运城的综合成绩在全省五个提名城市中排第一。

有网友评价说，淄博的文明形象深入人心，这比获得全国文明城市的荣誉更有意义。争创全国文明城市，就是百姓熟知的"创城"。那么，创城究竟是怎样的一种制度安排呢？

全国文明城市是由中央精神文明建设指导委员会颁发给城市政府的一种荣誉，是城市荣誉评比中含金量最高、获得难度最大的。第六届全国文明城市的入选城市，加上复核确认保留荣誉称号的前五届全国文明城市，共有284个。

全国文明城市的评选主要依据《全国文明城市测评体系》和《全国未成年人思想道德建设工作测评体系》，前者包括基本指标和特色指标两大部分。2021年版的《全国文明城市测评体系》包括72项测评内容和140条测评标准，涉及廉洁高效的政务环境、公平公正的法治环境、诚信守法的市场环境、健康向上的人文环境、和谐宜居的生活环境、有利于可持续发展的生态环境等。

为动员更多人参与创城，各地还可根据中央要求，配套与职级晋升、个人收入挂钩的激励政策。据《中央精神文明建设指导委员会关于评选表彰全国文明城市、文明村镇、文明单位的暂行办法》第十条，"中央文明委审议批准全国文明城市、文明村镇、文明单位建议名单后，正式进行表彰，颁发奖牌和证书并给予适当奖励"。根据其中第十一条，"各地、各有关部门可从实际出发制定奖励办法，对获得全国文明城市、文明村镇、文明单位荣誉称号的城市、村镇、单位及在创建工作中做出突出贡献人员进行奖励"。许多城市据此制定了具体的奖励机制，例如提出了"全国文明城市建设工作中涌现出来的先进个人，作为干部提拔任用的重要参考"，并配套了物质奖励措施。

其实创城的本意，是为了营造更好的公共秩序，美化城市空间。城市有申请创城的权利，市民也有遵守文明秩序的义务。《中华人民共和国宪法》第五十三条规定："中华人民共和国公民必须遵守宪法和法律，保守国家秘密，爱护公共财产，遵守劳动纪律，遵守公共秩序，尊重社会公德。"然而，在争创全国文明城市期间，一些市民却站到了创城的对立面，扮演起抗议者的角色。抗议情绪蔓延，是因为部分城市在创城期间执法粗暴，让市民产生了此举劳民伤财、得不偿失的印象。创城工作耗资巨大，出动人力多，公务员们都要扛着扫把出来扫大街、捡烟头，出现了"运动式""抓抓停停、时松时紧"等形式主义现象。

创城工作能够发动全员参与的前提，是取得市民认同，让市民由内向外形成文明行为自觉，否则创城工作就将陷入被动。

为了杜绝"一阵风""运动式"创城现象的发生，2015年，中央文明委修订了创城测评规则，对测评内容、测评形式、测评方法、测评要求及动态管理措施进行了新的界定。本次测评体系修订的一大亮点是设立了《全国文明城市创建动态管理措施》，设置了涉及党风廉政建设、公民合法权益维护、突击迎检、扰民劳民等10个领域的负面清单。《全国文明城市创建动态管理措施（负面清单）》共30条，规定对出现负面清单所列问题的城市（区），视情节严重程度采取罚扣测评分数、停止提名城市（区）资格、停止全国文明城市（区）资格1年、取消全国文明城市（区）荣誉称号的惩戒办法。

第三届全国文明城市评选过程中，武汉发生火灾，酿成一起导致14人死亡、4人受伤的重大生产责任事故，导致其为创建全国文明城市所做的一切准备付诸东流。

秩序是文明的前提。试想，某一天城市的交通信号灯突然失灵，且没有交警指挥，路面秩序是否会瞬间陷入混乱？答案是肯定的。全国文明城市创建工作开展以来，淄博历经五个创建周期，每次创城都是城市秩序检阅、修复和再提升的过程，潜移默化地给市民心中植入了一盏无形的信号灯，使大家自觉践行文明城市的法度。乡村社会是宗族血亲关系形成的熟人社会，因有宗族伦理约束，乡村可以无为而治，城市却不能。在一个城乡交错、工农相间、流动人口占比持续提升、矛盾与冲突暗流涌动的城市里，文明秩序的形成要依赖共同契约之下城市管理者建立的制度以及由此开展的创城运动和"绣花般的精细管理行动"。在网络舆论善意的提醒下，曾经抵触创城的个体经营者、流动摊贩也渐渐觉醒。秩序良好、整齐划一的城市，的确是一种难得的人间美好。

大众对运动式治理有很深的误解，常用"三分钟热度""一阵风"等带有贬义的短语形容它。运动式治理与常态化工作机制并不矛盾，二者分工不同，前者尤擅长推进改革工作，后者则主要负责处理标准化的、紧迫性不强的日常事务。创城就是一项运动式治理，它通过制定短期政策，在最短时间内集中全社会的人力、物力和财力资源，对现存问题进行专项整治。运动式治理体现了项目制管理模式的优势。在项目制管理中，必须设定精确的目标，明确时限，打破原有的权力分工，制定细化的标准和奖惩机制。创建文明城市，能突破金字塔式的行政体制的结构限制，打破"条条"与"框框"的约束，以目标为核心，最大限度地形成合力，迅速、全面地推行政策。

我不是个体户（上）

众人皆知，个体经营者是创城期间城管执法工作的"重点关照对象"。然而,淄博城管执法队伍与个体经营者和睦相处的画面,与人们对城管执法的传统印象形成了巨大反差,令人记忆深刻,欣慰不已。接下来,笔者将拿出较大篇幅来介绍我国个体经济的前世今生。

个体工商户与改革开放相伴而生,常被执法部门称作"个体户"。"个体户"是一个贬义色彩浓厚的词语。20世纪80年代初,"个体户"是待业青年的代名词,他们干的都是些养家糊口的小营生。当时有句流行语:"大姑娘要想体验生活练吆喝,就赶紧找个个体户嫁过去。""个体户"做大了,成了企业家,人们便称之为"暴发户"。

尽管不被主流观念认可,数量众多的个体工商户大军培育起来的个体经济却扮演起越来越重要的社会角色。20世纪60年代以来,我国个体经济提供了70%以上的新增城镇就业、70%以上的城镇再就业和80%以上的进城农民的就业。

当时,个体工商户被看作社会主义道路上的逆行者。早在新中国成立初期,个体经营从业者众多、形态各异,是城市管理难题之一。以上海为例,1949年12月,上海摊贩数量约为8.5万户,到1955年增至19万户。在新增的摊贩中,外来人口占45%左右,其中农民占80%。1949年6月26日,上海市公安局以保障合法经营、维护市场秩序和交通秩序为宗旨,公布了《管理摊贩暂行规则》,提出"组织起来,加强教育,严密管理,限制发展,区别不同情况,逐步进行改造"的方针。改革开放初期,尽管思想逐步解放,但在城市个体经济管理实践层面仍不能完全松绑,例如在审批环节,街头的熟食摊、理发摊、自行车修理摊等皆须审批后登记,否则将被视为非法经营。人们常用"提心吊胆"来形容个体经营者的生存状况。有些城市甚至提出，收废品的个体工商户应统一注册、统一着装。如此准入制度，把很多人挡在了自主创业、自谋生路的门外。

与此同时，社会上对"个体工商户雇用工人算不算走资本主义道路""个体户是不是资本家"等问题争论不休。安徽芜湖"傻子瓜子"创始人年广久曾因雇工行为招致强烈批评。起初，年广久在家砌起炉灶，与两个儿子炒瓜子出售。1981年年底，年广久租地建厂房，办起芜湖第一家私营企业——傻子瓜子厂。傻子瓜子厂雇工超过了有关政策对个体工商户用工数量的限制，很多人批评年广久是"资本家"，属于"剥削阶级"。1980年，一份关于"傻子瓜子"问题的调查报告送到了邓小平手里。邓小平看完材料以后，讲了几句话，"像这个私营经济啊，不要匆忙地做决定，要看一看，放一放"。1984年10月和1992年年初，邓小平又分别谈到了"傻子瓜子"不能动。①

1987年发布的《城乡个体工商户管理暂行条例》规定："个体工商户可以根据经营情况请一两个帮手，有技术的个体工商户可以带三五个学徒"，取消了对个体工商户从业人员的人数限制。同时增加规定：个体工商户申请转变为企业组织形式，符合法定条件的，登记机关和有关行政机关应当为其提供便利。"傻子瓜子"事件触及了全社会的痛点，推动个体经济获得了合法地位。

合法地位确立之后，新的问题又接踵而至。身穿各种颜色制服的执法队伍夹着公文包，手持二联式、三联式罚单，不断踏入

---

① 李小健：《从热点话题看社会发展》，摘自《中国人大》（增刊），2013年3月1日。

个体工商户的门槛。饮食执法、城管执法、环境执法、土地执法等，执法名目繁多，监管乱象滋生，个体工商户生存境遇堪忧。20世纪末，山东滨州六街集贸市场62名个体工商户联名状告当地工商行政管理局，追讨产权，轰动一时。起因是他们集资兴建了营业房，工商部门没投一分钱，却强占了房屋产权，还要定期征收高额租金，真是匪夷所思，于是发生了当地首起"民告官"案件。

个体经济从"拾遗补阙""有益补充"，到今天成为市场经济的重要组成部分，一直在负重前行。2008年，《投机倒把行政处罚暂行条例》废止，"投机倒把"这个直指个体工商户、民营企业的贬义词才算正式退出历史舞台。回眸40余年发展历史，个体经济在社会主义市场经济建设中发挥的作用不容小觑，甚至每每遇到经济下行困境时，它都被视为缓冲就业压力、保障市场基础活力的一个重要的、有效的调控工具。

我国个体工商户有两次大规模的增量，第一次来自20世纪80年代知青返城的就业需求，第二次来自十几年后城市工人下岗后的再就业大潮。个体经济缓解了就业压力，也为城市经济体制改革工作解决了后顾之忧。从政治经济学角度理解，个体经济有两个显著特征：一是生产资料和劳动成果归个人所有，二是劳动者以自己参与劳动为基础。个体经济规模小、工具简单、操作方便、经营灵活，生产者既是直接的劳动者又是生产资料的私有者，是一种不带剥削关系的私有经济。我国个体经济从寡到众，发展了数十年，然而个体工商户的单体规模并没有大幅度增长，因为"个体户"们的经营动机多是求生存、求温饱而已。

个体经营者是城市中一个特殊的群体，他们无法享受"朝九晚五"和"双休"的工作制度，需要完全由自己缴纳社保，而且相对于公司法人，个体工商户承担的还是无限责任。《中华人民共和国民法典》第二章第五十六条规定："个体工商户的债务，个人经营的，以个人财产承担；家庭经营的，以家庭财产承担；无法区分的，以家庭财产承担。"个体工商户如果经营不善，会牵连整个家庭。

近些年形成的一个共识是，应当免除个体经营者身上的重负，给予他们最大限度的政策支持。

2008年，美国次贷危机的蔓延使全球经济增长放缓，失业率上升，经营者面临巨大的损失。为减轻个体工商户负担，促进个体经济发展，我国有关部委下发《关于停止征收个体工商户管理费和集贸市场管理费有关问题的通知》，同年9月1日起，一律停止征收个体工商户管理费和集贸市场管理费。2011年9月30日，我国废止了《城乡个体工商户管理暂行条例》，从11月1日起开始施行《个体工商户条例》。以上举措，可谓个体经济制度改革之路上的里程碑。

义乌是举世闻名的个体经济聚集地。义乌是浙江省的一个县级市，由金华市代管，曾经交通不便、资源匮乏。20世纪末，义乌市冒着"鼓励投机倒把"的政治风险，在破旧的县城里划出一条偏僻的小街，允许小商贩们在那里自由交易。殊不知，就是这帮不起眼的摆摊设点、走乡串户的小商贩，创造了独一无二的小商品城。据统计，义乌在册市场主体数已突破100万户，其中个体工商户占大多数。2023年前四个月，义乌进出口总额为1654.2亿元，同比增长15.7%。小商品市场日均客流量逾20万人次，基本恢复至疫情前水平。

随着社会主义市场经济体制的不断完善，个体经济刚从制度的夹缝里走了出来，又被大型资本平台和新型商业业态挤到了市场的边缘。一方面，大型商超、购物中心等商业形态兴起，它们拥有丰富的贸易资源和雄厚的资金，从个体餐饮店、服装零售店和百货商店中掠走了大量消费者，使个体经营者的生存压力大大增加。另一方面，城管执法工作力度的加强也对个体经营者提出了新的要求。尤其在创城期间，为了维护城市形象和市容，对商店门头、摊位入室等进行了严格限制。新情况、新问题产生，个体经营者"愁上眉梢"，开始琢磨新出路。随后，一些个体经营者加入网络销售平台，尝试通过网络销售商品，并利用社交媒体拓展市场。

个体经济是一项具有中国特色的制度安排和经济实践，由原始的手工业和商业演变而来，不同于近现代的规模化生产。它的特点是单体规模小、门槛低、经营灵活等。改革开放以来，城市规模扩张和人口加速流入，为它提供了庞大的市场。个体经济队伍迅速吸纳了进城农民、城市失地农民、企业下岗职工、大中专毕业生群体，还有出租行业、家政行业、装饰行业、保险行业、养老照护行业、新媒体行业中的自由职业者。

三年疫情期间，个体经济作为城市经济"家底中的家底"，在繁荣经济、稳定就业、方便群众生活等方面发挥着兜底作用，甚至连外卖小哥也被迫加入了"个体户"大军。

重庆市九龙坡区人民法院发布的劳动争议典型案例中，一起"被迫成为个体户"的外卖骑手与物流公司的劳动争议案件备受关注。该案中，一名外卖骑手入职时被要求注册为个体工商户，并与某科技公司签订了转包协议。不久后，骑手在配送时遭遇交通事故，而该公司否认双方的雇佣关系，拒绝承担相应责任。骑手经仲裁后对这家科技公司提起诉讼。法院审理认为，双方符合劳动关系各项法律特征，判决确认双方存在雇佣关系。此案暴露了外卖平台的一种特殊的管理制度：平台通过算法限制向配送人员派单或限制他们接单，除非他们"以个体工商户身份在平台注册"。外卖平台的这种做法是为了规避交通事故、客户纠纷引发的连带责任，以及降低因劳动关系产生的"五险"等成本。

外卖平台打的如意算盘是：骑手注册为个体工商户，并以此确认平台身份，等于默认了"自担风险、自负盈亏"的条款，从而失去了"劳动者"主体资格，不再受《中华人民共和国劳动法》保护。外卖平台之所以钻这个法律的空子，是因为新业态下的雇佣关系比较模糊、复杂，与传统的劳动关系有明显区别，劳动维权单位也存在认知不统一、定性标准不明确、案件结果相矛盾等问题。我国平台经济发展正处在关键时期，新业态劳动者权益保护成为社会广泛关注的焦点。2023年3月12日，最高人民法院新闻局举办2023年全国两会《最高人民法院工作报告》解读系列全媒体直播第六场访谈，对外卖骑手"被个体户化"现象进行解读，对"用人单位不能以劳动者注册个体工商户规避其用工主体责任"表示认同。

资本平台和个体经济小散户之间"相爱相杀"的剧情已成常态，所以，淄博善待个体经营者、用流量热捧个体经济的画面让人感觉格外温馨。这部叫好又叫座的城市大戏，把镜头和台词都给了社会底层人物，旨在让他们得到更多掌声和收入。淄博张店区的某个小院，数家烧烤店汇聚于此，座无虚席，旁边是长达百米的食客等待就餐的队伍。有一天，某店的烧烤小哥一脸炭色，时不时探出头来看看顾客数量，这一幕被顾客拍了下来，配上字幕"一脸生无可恋""烤不完，根本烤不完"。有人调侃说："淄博火之前，烧烤小哥最爱钱；火了后，烧烤小哥没那么爱钱了！因为赚的钱根本就没有时间花。"淄博火了，个体经营者赚了，打工者的收入也涨起来了。

的确，淄博流量攻势让大多数个体经营者生意火爆。有较具规模的网红店贴出了"歇业通知"："由于员工超负荷工作，本店停业休整三天。"老板和店员连轴转一个多月，累得干不动活儿了，不得不休息。烧烤摊处处爆满，几个女大学生偶然发现郊区有一个烧烤小院，院里没有顾客，老大爷躺在摇椅上乘凉。她们认为"很不公平"，于是拍了视频，并且把小店位置发布在网上，顾客很快就挤满了这家院子。还有家店实在忙不过来，就给自己打差评，以此减少顾客。此举被人识破，结果遭到了更大客流的"善意报复"。大概有三个月的时间，网友们的口号是："不能让淄博的任何一位老板闲着。"谈笑风生之间，淄博描绘了一幅店家与顾客、城市与游客斗智斗勇的诙谐画面。

我不是个体户（下）

改革开放四十多年来，个体经营者们从来没有被"如此宠过"。看到淄博烧烤爆火，大家立即产生了一种心理期待，希望从激增的客流、餐饮消费的盛况中，看到城市经济的惊艳曲线，甚至看到GDP、财政收入增速"突然高出多少倍"。然而，根据淄博统计局公开的信息，2023年第一季度，淄博GDP为1057.7亿元，同比增长仅有4.7%，限额以上住宿和餐饮业销售额（营业额）分别增长16%、25.2%，增幅并不算大。面对这个结果，不少人觉得"挺失落""挺意外"：城市这么努力，游客们如此捧场，为何经济效益表现平平，住宿和餐饮业的营业收入也未见太大起色呢？

我们首先来看一下住宿和餐饮业的特点。首先要说的是，在经济统计工作中，限额以下（年营业额200万元以下）的住宿和餐饮机构是不进行月度报表统计的。限额以下批发零售和住宿餐饮业的统计方法，是对从事批发零售和住宿餐饮业活动的限额以下企业（单位、个体户）的销售（经营）情况按季度进行抽样调查，按照国家统计局统一的制度和方法分类测算，国家统计局评估审定。大部分个体工商户符合"限额以下"特征，所以淄博爆火的烧烤行业及其带动的相关行业的销售收入，并未全面反映在城市经济数据中。

其次，我们看一下餐饮业对城市经济的总体贡献。有关学者对青岛市进行了餐饮行业的GDP贡献率研究，结果是餐饮行业对青岛市GDP的贡献率维持在2%左右（2020年数据）。某学者针对沈阳市的研究表明，住宿和餐饮业对沈阳市第三产业增加值的贡献率基本保持在5%—6%（2015年数据），对沈阳市GDP的贡献率与青岛水平相当。另据有关数据，2017年全国住宿和餐饮业增加值占GDP的比率大约为1.7%。

再来看一下它们对财政税收的贡献。住宿和餐饮业的市场主体以个体工商户为主，这一群体一直享受特殊的税费优待，尤其在新冠疫情发生后，国家对其税费采取了"一免到底"的政策，所以它们对地方财政的直接贡献并不大。在2023年4月6日举行的国新办新闻发布会上，国家税务总局局长在谈到支持民营经济发展的话题时表示，在系列税费支持政策实施后，80%的个体工商户已经不用缴税。

很显然，火爆的消费市场没有让淄博经济"爆表"，而是网络流量和游客增量直接转化为个体工商户这一特殊群体的营收福利，带动了城市活力，提高了城市品牌美誉度，进而保就业、稳民生，促进了疫情后消费市场的繁荣。

面对游客涌入，个体经营者也心中有数，井喷的市场是暂时的，还得以平和的心态面对复杂的市场变化和自己的人生境遇。实际上，每个个体经营者都记录了一个家庭的酸甜苦辣，写照着城市制度的变迁与文明的进步。《三秦都市报》曾报道李福昌用日记记录"个体户创业生涯"的故事。

20世纪末，西安人李福昌借了3600元盘下一家经营失败的饭馆，他用这样一句话为自己的"日记人生"开篇："当上个体户，也算把全家六口人的身家性命押出去了。"经营面馆的那段时间里，李福昌像个不停旋转的陀螺，每天骑着自行车采买食材，多次往返于店面和农贸市场之间。他在日记里写道："干个体，大小事情都要操心，晚上紧张得睡不着，必须喝两小杯酒才能放松。"他"脑子里烦乱得很"。他还在日记里批评自己雇用的厨师"不是刀工太差，而是干事不上心"。过了两天，他亲眼看到厨师把面条往泔水桶里倒，气得想冲上去揍人，甚至想让厨师立马卷铺盖走人。最终，他还是忍住怒火，找机会与厨师平心静气地谈话，双方矛盾得以化解。李福昌在日记里痛陈城管和工商部门的粗暴执法，"城管把摆在街上的桌椅板凳收走了，还到我店里拿东西"。不过，他也对执法工作表示理解，"毕竟城市是大家的，都应该守这个秩序"。某日，辖区工商所干部到李福昌的面馆吃饭，结账时并未给打折。钱收了，李福昌的心却悬了起来："人家以后给我找碴儿怎么办？办事会不会给我使绊子？"但又转念一想："我这个店手续齐全，又没违规，我怕什么？"之后，李福昌硬着头皮到工商所办手续，没想到挺顺利。他明白了，守法是经营者最大的底气。后来，自立门户搞创业的员工越来越多，李福昌不停涨工资也未能留住他们。

李福昌对他们说："都想当老板，可老板也在下（受）苦呀。"2016年，为了全心照顾患病的母亲，李福昌把日渐红火的面馆关了。母亲离世了，店面也没了，他感觉心里空落落的。他忙了一辈子，实在是闲不住。每次上街，李福昌都禁不住打量街边出租转让的门面房，还想再把面馆开起来。

过去，个体经营者长期被固化在社会底层。例如，由于很大一部分个体经营者来自农村，因此他们在城市生活数年却无法落户，子女得不到上学机会。有城市强制要求，个体饭店经营面积不能少于50平方米，否则要么整改要么关店。一部分经营者只能借钱扩容，另一些人则无奈地被强制淘汰出局。

而今，个体经济环境大有改观，扶持个体经营者发展的利好政策层层加码。新冠疫情暴发后，从中央到地方，均出台了一系列为个体经营者减负的政策，例如《国家税务总局关于增值税小规模纳税人减免增值税等政策有关征管事项的公告》等。山东省政府办公厅印发的《关于抓好保居民就业、保基本民生、保市场主体工作的十条措施》指出："从文件发布之日至2020年12月31日，对个体工商户和小微企业免除一切税费。"

疫情期间，各地实施了减免中小微企业、个体工商户房租的政策，政府或国有企业持有的公共房产是减免政策的实施主体，体现了国家在困境中的担当。可问题是，那些租赁了私人房东物业的商户很难享受优惠，而且这种情况占多数。城市政府拿真金白银给商户交房租是不现实的，一是因为资金数额过于庞大，二是因为情况过于复杂。无奈之下，多数城市淡化了这方面的政策考量。不过也有城市进行了积极探索，出台了专门针对个体户租赁非国有房产的贴息纾困政策，淄博便是其中之一。

2022年4月29日，淄博市商务局、财政局联合印发了《关于对承租非国有房产的实体商铺经营主体加大租金纾困贷款支持的通知》，向在淄博市行政区域内注册登记、承租非国有房产开展正常经营的个体工商户，每户提供5万元以内1年期的商铺租金纾困贷款，市级政府性融资担保机构提供"零费率"担保。市财政分档贴息，1万元（含）以内全额贴息、1万—3万元（含）部分按80%比例贴息、3万—5万元（含）部分按50%比例贴息。相对于部分城市"救大不救小、救轻不救重"的纾困政策，淄博对个体经营者的纾困政策设计得比较细致。钱不多，但可救命。

个体工商户，在国外通常称为"sole proprietor""sole trader"，包括个体工商业经营者和自由职业者，个人拥有企业权益、承担经营责任和债务。他们进行的是一种"自雇佣"（self-employed）的市场行为，从事的是个人提供服务的职业，如理发师、健身教练等，并自己承担所有法律责任和税务义务。与大部分国家一样，我国个体工商户以自然人形式而非法人机构形式享受权利、承担义务，法律地位比较特殊。《促进个体工商户发展条例》进一步明确了个体经济的法律地位，但在司法实践中"个体工商户作为自然人形式存在"这一特征，决定了它是"温饱型"而非扩张型的市场主体，是"接济型"而非竞争型的市场主体。因此，它是"不符合市场规律的经济"。

淄博版《清明上河图》

位于淄博市淄川区的张广庆内画艺术研究院中，民间艺术家们把北宋张择端的《清明上河图》画在13个鼻烟壶内。《清明上河图》是一幅写实的长卷风俗画，通过对世俗生活的细致描写，生动地再现了北宋汴京时期的繁荣景象。今天的淄博，似乎再现了《清明上河图》的市井繁荣。不过繁荣的景象背后，还有一双无形的手，裹挟着个体经营者远离自己的摊位，源源不断地挤进一个陌生的资本空间。

美国民族学家路易斯·亨利·摩尔根在《古代社会》里说："对财产的欲望超乎其他一切欲望，这就是文明伊始的标志。"资本是一种权力，资本筑起的互联网平台常以这种权力营造压迫感，让市场上的弱者屈服甚至崇拜，外卖小哥、烧烤店老板、短视频平台用户甚至网约车司机都是典型的弱者代表。当然，也有不吃这一套的主儿，卖凉皮的魏文军就是其中之一。

魏文军，陕西汉中人，早年摆摊卖水果，后在西安市碑林区大学南路的一个小摊位上卖凉皮。和大多数小摊主一样，魏文军夫妇面对的是日复一日的风吹日晒和雨淋。二十多年来，"魏家凉皮"逐渐壮大，在陕西多个城市以及兰州、太原、北京、天津等地开设门店300多家，成为西北地区最具规模的中式快餐连锁企业之一。2023年6月，"魏家凉皮"正式下线美团外卖业务，原因或许是平台抽成比例太高。内部人士透露，"魏家凉皮"未来还会提供外送服务，但不会选择入驻由资本控制的互联网消费平台。"魏家凉皮"这家个体经济的杰出代表，与资本巨头美团决裂了。抽成多的不只是美团一家，据了解，在当时的"58到家"平台上预约"家政服务"，6个小时的日常保洁服务需要支付320元，但最后真正落到家政人员手里的，只有170元，相当于平台要抽成150元。资本烙制的"互联网大饼"上，商户、骑手、合约司机、家政人员等就像一粒粒芝麻，有你不嫌多，少你不怕少，说是"与狼共舞"也好，说是"霸王条款"也罢，都是你情我愿，不服的话你退出就是了。资本的傲慢动摇了那些白手起家的创业者的信心——如果资本凌驾于一切之上，谁还甘心脚踏实地地搞经营呢？

新冠疫情期间，许多餐饮机构经历了一场生死大考。靠提供堂食难以为继，"忍饥挨饿"的餐饮业不得不向外卖平台的大火炉靠拢。原以为这将成就一段"抱团取暖"的佳话，未曾想到，平台的冷面孔让大家的境况雪上加霜，最终引发众怒。2020年年初，重庆市工商联餐饮商会1987家商家联合发布公开信，呼吁美团、饿了么等平台减免佣金，共克时艰。当时，美团对大型连锁餐饮机构执行18%的抽佣，对小型餐饮机构抽取23%左右的佣金。饿了么则对大型连锁餐饮机构执行15%的抽佣，对小型餐饮机构抽取18%—20%的佣金。紧接着，河北省饭店烹饪餐饮行业协会也发布了一封《致电商平台的公开信》，呼吁美团、饿了么等平台降低外卖佣金费率，"希望平台能够充分体谅餐饮企业之难，餐饮经营者之痛，与餐饮企业共同承担社会责任，保障城市餐饮供给"。之后，南充市火锅协会在网上致信当地市长信箱，举报美团在疫情防控期间涉嫌涨佣金及不正当的竞争行为。云南省餐饮与美食行业协会也义愤填膺，发布公开信称代表22万余家餐饮企业"呼吁美团等外卖平台尽快出台包括降低外卖佣金费率在内的各项餐饮扶持措施，共同承担社会责任"。山东省多个餐饮协会联名发布《关于强烈呼吁外卖平台全面降费的公开信》："美团外卖还规定，商家一旦同时入驻饿了么外卖平台，则佣金费率上浮3%—7%，排他性规则让广大餐饮企业难以承受。"

餐饮业集体喊话并未等来外卖平台的积极回应。双方相持不下之时，广东省餐饮服务行业协会放弃了商业道德谴责，提出了足以让各大平台坐立不安的法律质询——垄断。该机构在其微信公众号发布了《广东餐饮行业致美团外卖联名交涉函》，指出"美团外卖在广东餐饮外卖的市场份额高达60%—90%，已经达到《反垄断法》规定的市场支配地位，同时美团涉嫌实施垄断定价，各类收费层出不穷，设定了诸多不公平的交易规则，持续大幅提升扣点比例，新开餐饮商户的佣金最高达26%，已大大超过了广大餐饮商家忍受的临界点""美团却依旧强势要求餐饮商家做'独家经营'，否则就强制注销、下架门店"。果然，美团很快做出回应，于4月13日发表回复公告称，2019年，其八成以上商户佣金在10%—20%，而且这些收入的绝大部分需要投入在帮助商户提供专业配送、获取订单和数字化建设中，其中八成用来支付骑手工资。

几个回合的书信过招之后，最终还是没有了下文。广东省餐饮服务行业协会外卖专委会认为，市场上长成美团这样一家大平台公司不容易，希望美团能够长远长久地健康发展。实际上，商户并不想因为几个百分点的抽成跟资本平台争得鱼死网破，资本平台也没有砸掉商户饭碗的意思。它们之间的关系，无异于农贸市场和摆摊菜农、银行和贷款人的关系，虽然处于强势地位的一方有制定规则的权力，但交易是你情我愿的。经营餐饮，有人气才有底气。照理说，平台抽成仅是客单价的百分之十几，远低于餐饮商家所得，商家吃肉平台喝汤，可为什么前者容易被社会同情，后者却被声讨呢？为什么魏文军卖凉皮没人嫌贵，外卖平台的抽成制度却成了众矢之的？餐饮的服务价值，产生于商家向顾客提供服务和产品的过程中，这符合人们对劳动创造价值的认知。资本平台是否存在这样的嫌疑：它们本身不创造价值，只是把他人的劳动价值汇聚到一起，使之成为自身价值，靠讲述增值逻辑故事以及鼓吹市值获利？资本是无情的，所以它只适合谈利益，不适合谈感情——谈感情伤钱。

的确，在数字经济急速增量的背景下，消费领域资本平台对个体经济造成了较大威胁。对于个体从业者联名呼吁降低佣金抽成而外卖平台没有积极回应，部委颁布政策，表达不满。《经济日报》发表评论文章称："下调服务费或会影响平台经济的估值逻辑，但不意味着平台企业前景堪忧。"眼下，困住服务业的不只是佣金、房租、人工等成本问题，还有消费意愿不足的问题，而后者可能更关键。因为只有消费足够强劲，商家才有能力化解各种成本。如果人们不去消费，商家没有收入，哪怕佣金从20%降到2%，商家还是撑不住。淄博实践证明，只有消费端的日子好过了，商家收益上来了，平台和供应链才能随之繁荣发展。正所谓，"大家好才是真的好"。

第三篇　淄博做对了什么？

建立和完善扩大居民消费的长效机制，使居民有稳定收入能消费、没有后顾之忧敢消费、消费环境优获得感强愿消费。

——2023年1月31日，习近平总书记在中共中央政治局第二次集体学习时强调

鼓励有条件的地方充分利用开放性公共空间，开设节假日步行街、周末大集、休闲文体专区等常态化消费场所，组织开展特色促消费活动，探索培育专业化经营管理主体。

——《国务院办公厅关于加快发展流通促进商业消费的意见》

第六章　敢把对的事情做好

在雷区跳舞

对于城市来说，被贴上"网红"标签未必是件好事。城市全方位地曝光在网民镜头之下，舆论风向就不容易掌控了。例如，同样一个现象有人说好，接着有人会说"好是假象""背后有黑幕"，紧接着，剧情大反转、再反转……这就是网络舆论运动的主要特征。淄博烧烤业爆火期间，其他城市的管理者都为淄博捏了一把汗。站在舆论风口，万一被好事者揪住"小辫子"，酿成重大舆情问题怎么办？万一处理不当，出现负面的群体事件又该怎么办？在"稳定第一"的政治考量与权衡之下，淄博绝对是玩了一次"大冒险"——当着人民群众的面、当着全国网民的面把城市的"家底儿"主动曝光，任由游客拍摄，任由网友评论。

正所谓成也流量，败也流量，争猫丢牛、因小失大的负面舆情的教训不胜枚举。几年前就有报道，多地都出现过海量顾客排队的场面："在长沙，一家网红龙虾馆1—6人桌的排号到了7172桌，有人不到下午3点开始排号，到凌晨1点，龙虾馆才通知排到她了，相当于10小时等吃一餐饭；在杭州，武林广场某饭馆，叫号小票上直接显示前面还有253桌；在佛山，晚上11点多了，餐馆门口还排满了人等吃晚饭；至于各地的公共厕所，也是人山人海，等个把小时上个厕所根本不是稀罕事。"这些事情暴露了一些城市在旅游管理上的不足，特别是应对长假旅游高峰时配套设施和公共服务上的短板，给城市形象留下了"污点"。

舆论风险把控不好，可能会带来灾难性的后果。淄博定然深谙此道。然而，明知山有虎，偏向虎山行，淄博一改过去山东人骨子里"不敢为天下先"的姿态，当了一回"弄潮先锋"。如今淄博的"冒尖"行为，或是受了山东政治风气变革的深刻影响。众所周知，山东人的处世哲学是前不冒尖，后不垫底，一切"稳"字当先。然而，近六年来，山东刀刃向内，勇于自我革命，坚持每年春节后上班第一天举办"新年动员大会"，各市市委书记亲自登场自曝短板、立军令状，甚至通过电视问政和网络直播，让全国检阅山东的决心和行动，求新求变之风刮遍齐鲁大地。

淄博爆火几个月的时间里，不断有人拍摄城市"瑕疵"发到网上，以试探淄博能否快速响应和妥善处理。例如，游客在路边摊唱歌扰民，马路上有人飙车、酒后滋事等，甚至有个游客发布视频称"在烧烤中吃出刀片"。淄博面对此类负面事件，并未躲闪、逃避或者编瞎话，监管部门第一时间就介入调查并回应"确有此事，但属于偶发事件"。淄博态度坦诚，不但得到了理解，也赢得了大家的好感。历史经验证明，通常不是负面事件本身，而是当事者面对舆论质疑时不诚恳、不诚实的态度，让众人失去了信任与耐心，加剧了舆情扩散，酿成重大负面舆情事故。一日，某快递小哥因为八大局便民市场道路限流，无法进入小区取件，与人发生争执，最后情绪失控，一屁股瘫坐在地上，被人拍下来并上传到了短视频平台。霎时间，一帮人"搬好板凳"，等着看淄博的笑话。然而，视频中的问题反馈到体育场街道办之后，街道办第二天便在限流街道为快递小哥们开通了"快递绿色通道"。正视问题不做袒护，一有问题快速介入、秉公处理，并及时公开处理结果，这样的做法令人们感叹"真诚是永远的必杀技"。

关注淄博现象已久的泰州市海陵区政府撰文表示："流量是把双刃剑，一不小心就会'翻车'，网红元素'昙花一现'的实例比比皆是。"淄博烧烤经受住了"爆火"考验，能够保持热度，实属不易。

自媒体撑起的舆论空间，如同风险无处不在的雷区。在雷区跳舞，每一个高风险动作，淄博都稳稳地完成了。甚至那些不怀好意的试探，也成为倒逼淄博进行城市治理改革的好机会。

要想改善城市现状，管理者必须具备正视风险和挑战的心理素养。在中国企业质量文化史上，海尔集团创始人张瑞敏的"砸冰箱"事件记下了浓墨重彩的一笔。他使用的那把大锤甚至被收藏在国家历史博物馆里。殊不知，张瑞敏当时可是冒着被检察机关以"破坏集体财产"罪名追责、被工人群起而攻之的风险。他砸对了时机、砸准了症结，才砸出了美名。可万一砸错了呢？小岗村"血书"签下家庭承包契约、袁庚主持蛇口经济开发区建设、温州人集资开办家庭工厂以及当下的淄博在舆论的雷区跳舞，每一个改革故事的背后都蕴含着改革者的智慧，更体现了他们的冒险精神和义无反顾的改革决心。

互联网是把双刃剑，尤其是在自媒体时代，舆论"翻脸的速度比翻书还快"。不想引火上身，最简单的办法是远离它。像淄博这种旅游基础比较薄弱的城市，敢把自己置身于文旅话题风口、创城话题风口，绝非"初生牛犊不怕虎"，也并非"艺高人胆大"，而是"有备而来"。淄博为什么能精准把控舆论导向，极速回应网友或游客的质疑？为什么它能借游客之口打造城市口碑？淄博给出的答案是：引导舆论的态度诚恳，张弛有度，与市民共同维护城市荣誉，进而全面掌控舆论主动权。

赶好两驾马车（上）

我国城市上一次共克时艰、共同挽救经济下行趋势的大练兵，是在15年前美国次贷危机发生之后。2008年，财政刺激计划持续发挥影响。2009年，我国GDP增速达8.7%，城镇新增就业人口1102万人，城镇居民人均可支配收入增幅9.8%。

有15年前的救市经验，也有各国政府于疫情后力促经济回暖的经验参考，眼下我国对经济复苏的节奏和方法把握得更准了。有关专家认为，国内经济发展整体上已呈现回升态势，这一阶段最紧迫的工作是恢复和扩大消费，提升消费者的信心，并从消费环境方面着手推出新举措，快速释放市场潜力。2023年两会召开时，总理在《政府工作报告》中23次提及"消费"二字。4月末，中央又研究分析了当前的经济形势和经济工作，指出"三重压力得到缓解""内生动力还不强"，提出要持续激发市场主体活力。

2023年第一季度，疫情期间受影响较大的旅游、餐饮、娱乐等聚集性服务业的反弹增长最为明显。服务业犹如一个弹性极大的弹簧，疫情期间被压制得越狠，其回弹力度就越强，尤其是餐饮业，疫情后，它以百米冲刺的速度回到消费现场。

包括餐饮消费、住宿消费、交通消费在内的旅游消费，是拉动城市社会消费品零售总额增长的直接因素，其中餐饮消费约占社会消费品零售总额的十分之一。

社会消费品零售总额是测量消费市场冷暖的温度计。据统计，淄博2023年第一季度社会消费品零售总额为313.6亿元，同比增长8.3%，高于全省2.7个百分点，高于全国2.5个百分点。那么，将全国各城市进行横向比较，淄博消费品零售水平处在什么位置呢？笔者了解到，2023年第一季度，青岛全市社会消费品零售总额为1304.9亿元，苏州为2252.9亿元，成都为2355.2亿元，厦门为790.59亿元。可见，受人口规模、服务业结构等因素制约，淄博的零售市场仍处在较低水平，虽然满城观光客，最终却是"雷声大，雨点小"。老牌旅游城市桂林公开数据显示，2023年"五一"假期，该市接待游客总计435.56万人次，同比2019年增长130.24%，实现旅游总消费45.73亿元，同比2019年增长125.99%。尽管淄博文旅部门暂未发布"五一"假期消费数据，但显而易见的是，其规模定难与上述城市比肩。

一边是顶级流量的网络宣传，一边是微小的经济增长，让原本就不看好淄博现象的网友，有了更多抨击的实证材料。"五一"假期后，淄博迎来了一波"尖锐"的批评："一场耗资巨大的炒作，最后炒了个寂寞""一个长假只来了十几万游客，都不够本钱""'进淄赶烤'的外地旅客无非是济南、青岛、潍坊、滨州、北京和天津几个地方的，63%的访客来自本省""这是一种低级营销策略，知名度高、美誉度低""脏乱差的八大局，卫生亟待改善""不能持续发展，淄博会被自己搞死"。以上评论可以总结为一句话：淄博，你搞砸了。

淄博是否"搞砸了"，不能凭几个经济统计数据下结论，关键还得看淄博这座城市的"经济马车"长什么样，跑得稳不稳、快不快，以及"烧烤'出圈'"对马车行驶产生了什么影响。

法国经济学家让-巴蒂斯特·萨伊提出的"三驾马车"理论，于20世纪90年代引入我国，曾被作为制定经济政策的重要参照。然而，2016年前后，该理论被我国经济学界广泛质疑。虽然批评之声不断，但大家未能找到更通俗易懂的新理论取而代之。"三驾马车"作为一种简易的经济参考模型，对目前我国城市经济实践仍具有价值。由于内陆城市进出口贸易的优势不明显，因此其拉动经济增长的"三驾马车"中，只有消费和投资这两匹马比较好驾驭。例如，新冠疫情之前的2019年，苏州进出口总额为21 987.4亿元（占全国的7%，占江苏省的50.7%），而淄博进出口总额为883.1亿元（其中民营企业贡献77%），连苏州的零头都不到，这匹"小洋马"几乎可以忽略不计。"两驾马车"中一匹马代表居民和政府的消费，另一匹则代表企业和政府的投资。消费、投资两匹马拉车，要靠金融这条"小马鞭"进行调控——投资绕不开银行借贷，拉动消费也越来越依赖形形色色的金融刺激措施。

城市经济"两驾马车"的行驶画面就这样勾勒出来了：消费、投资两匹马奋力拉动城市经济疾驰，金融"小马鞭"张弛有度地鞭策与调控。马车在前边跑，紧随其后的是个体经济大军、小微企业、大型民营企业、外来投资者以及广大的消费群体。

城市管理者一手驾车，一手扬鞭。驾车的手是"古典经济学之父"亚当·斯密提出的"无形之手"，即市场的力量，主要通过供求、价格、竞争等机制发挥作用。扬鞭之手则是凯恩斯提出的"有形之手"，即不可或缺的行政力量，通过各类调控手段实现资源的高效配置。

先聊一下"投资"这匹马。

投资是稳增长和扩内需的关键环节。2023年第一季度，我国固定资产投资同比增长5.1%，一系列基础设施、工业建设项目陆续开工，成为各地加快经济复苏的主要动力。以淄博为例，2023年淄博安排了重大项目510个，其中产业项目411个，城市建设项目99个，总投资6100亿元，年度计划投资1265亿元。淄博对重大的项目投资处于什么水平呢？据笔者了解，苏州市同年安排市重点项目468个，总投资1.45万亿元，年度计划投资2301亿元，投资项目数量与淄博相当，但资金约为淄博的2.4倍。

银行在城市投资项目落地过程中扮演着重要的角色。2023年2月下旬，淄博召开"省市行长项目行"暨2023年淄博市政银企对接会，邀请了7家驻鲁金融机构与淄博市政府签署年度授信合作框架协议，向各市场主体签约授信2160亿元，22家驻淄金融机构向有关企业签约授信191.25亿元。参会人员包括金融监管部门负责人，四大国有银行省行行长，交通银行、邮政储蓄银行省行行长以及信达资产省级公司负责人。从这个规格来看，金融机构真的很捧淄博的场，授信额度也很"够意思"。

赶好两驾马车（中）

城市建设需要充足的资金保障。当财政预算难以满足逐年增长的建设资金需求，政府便探索建立了借钱搞建设的发展模式。由于1996年颁布实施的《贷款通则》限制了地方政府贷款的合法身份，政府不能直接向银行提交贷款申请，因此城投公司成了城市借贷款的"代言人"。

20世纪末，我国进入城镇化高速增长期，地方政府一边考虑加大对城市建设的投入，以满足人口激增、产业培育等新要求，一边考虑解决建设资金匮乏和资金管理能力不足等问题，于是城投公司应运而生。1992年，我国首家城投公司在上海成立，即上海城投（集团）有限公司，这是第一个通过政府设立的法人企业参与城市建设的公司。1993年，上海城投发行了第一只城投债券，期限为5年，票面利息为10.5%。1994年分税制改革之后，城投公司雨后春笋般开遍全国各地。城投公司高效地回答了"缺钱怎样搞建设"的问题。各地的市政工程、拆迁、棚户区改造、园区建设，甚至给一些"转不动"的企业担保都离不开城投公司。

城投公司主导着城市建设的步伐，也不同程度地参与了国家的宏观经济调控。例如，城投公司在2008年美国次贷危机后我国的"四万亿计划"中扮演了一个重要角色。根据国家发展改革委当年公布的投资明细，除1.18万亿中央预算内投资，其余2.82万亿配套资金来自地方财政、地方债、政策性贷款、企业债和中期票据、银行贷款以及民间投资，城投公司成为地方政府出资救市最关键的"经办员"。那么，城投公司靠什么赚钱呢？城投公司虽然是企业，但有别于一般开发商，它们不以自身盈利为主要目的。城投公司参与的基础设施项目多数为公益性项目，即无收费机制的项目，例如城市敞开式道路、城市绿化、广场、学校、医院等项目。城投公司架桥修路，不收过路费和过桥费，但方便了交通，促进了产业投资，增加了城市就业，提高了居民收入，最终创造了税收。所以说，城投公司算的是城市经济发展的总账。

如果说个体经营大军是保障城市就业率和激活消费市场的调控工具，那么城投公司则是扩大投资、强力拉动内需的调控工具。

淄博烧烤爆火，城投公司也获益良多。2023年4月19日，德邦证券发布的《"淄博烧烤"背后的城投债信用观察》指出，淄博的第三产业不算发达，"淄博烧烤"网红现象之所以出现，政府行为起到了核心作用。随之而来的是城投信用债受到投资者的关注，其政信定融产品认购紧俏，排队预约、抢购成为常态。据《北京商报》报道，"好多外地的游客去淄博吃烧烤，对淄博地区的经济有所带动"，"最近淄博的确有几个项目卖得比较好，有的项目从发行到成立不到一周时间就认购了1.1亿元，以往认购的金额可能只有几千万元，这也代表了投资者对项目的认可"。

城投公司向投资人募集资金并且约定按时还本付息的定向融资计划，业内简称"定融"。据有关统计，截至2022年10月末，山东发行的264个定融产品中，半数以上涉及债务压力较大的区县城投公司，包括淄博下辖各区的城投公司。吃着烧烤买理财产品虽然听起来很惬意，但投资者不该因流量和热度而盲目选购产品，而是应从项目底层资产、地方债务情况、风险控制层面多加考量。

"城市政府负债率居高不下"是近几年的舆论热点之一。投资人总抱有一种期待，即最终会有人给城投债务兜底。这还真是"想多了"。

早在2014年，《国务院关于加强地方政府性债务管理的意见》就明确提出"地方政府对其举借的债务负有偿还责任，中央政府实行不救助原则"，财政部也就此下达多个文件，明确了一些细则。2023年3月，财政部原部长楼继伟在《比较》杂志上发表的《新时代中国财政体系改革和未来展望》中称："中央文件还明确，财政部也多次表态，中央财政坚决不予救助。在实际工作中确实没有救助，一些隐性债务存量过高的地方，当地采取压缩一般性支出、拍卖国有资产、债务重组等办法化解。今后还应继续坚持这一原则。"

负债率是衡量城市债务水平和偿债能力的一个指标。国际上通常以负债率60%作为政府控制债务的参考值。城市负债率低就好吗？未必。假如政府不断地举债来发展却没有持续创造经济效益，没办法控制负债率风险，就会带来严重的财政问题。如果政府举债用于可经营性的行业投资，比如用于海陆空的基建、农林水利、生态建设等，就会持续产生效益，就算负债率偏高，只要风险可控，就可以实现双赢。目前来看，我国资源型城市的负债率相对较高，因为其面临的转型压力较大，在能源创收受限的情况下，它们不得不投资于基础设施建设。当然，如果高负债率不能成为推动城市建设的内在动力，它就会成为悬在城市上空的一枚炸弹。

既然谈及城投公司，这里也顺带聊聊城市商业银行这一特殊机构吧。城市商业银行带有强烈的地方政府干预的痕迹，和城投公司一样，也是调控城市经济的得力助手。

城市商业银行在我国商业银行体系中属于国有商业银行、股份制商业银行之外的第三梯队，它的特点是规模小、资产质量不高、业务范围有限，常被简称为"城商行"。城市政府与城商行关系密切，因此能充分利用这一平台获取足够的金融价值。由于城市政府可以控制城商行的人事任免，一般情况下，城市管理者出于地方经济调控的考虑，会尽力维护城商行由地方国有资本主导的产权结构、人事结构，为城市的各种资金调控需求提供方便。所以说，城商行和城投公司是政府的左膀右臂，右手能借钱，左手可掏钱。

城商行通常由政府和其他投资者共同出资设立，有较浓厚的行政色彩。城商行也是城投公司获取融资的渠道之一，城投公司可以通过向城商行申请贷款获得资金，也可通过城商行发行债券，用于支持城市建设项目。同时城商行也可以与城投公司合作，获得更多的业务机会和收益。据了解，城商行一直是城投债的主要买家之一。从部分城商行披露的信息来看，平台贷在城商行放贷规模中的占比亦不可小觑，而这部分资产的风险有相当大的不确定性。

齐商银行是淄博市投资设立的城商行，由淄博市商业银行更名而来，成立于1997年，是全国第四批由城市信用社组建的地方性股份制商业银行。截至2021年年末，齐商银行共有股东11 379户，淄博市城市资产运营集团有限公司为第一大股东。根据其年报披露，齐商银行该年度不良贷款余额为20.26亿元，同比增长43.36%。不良率增加，或与疫情对部分产业链造成的整体冲击有关。

2023年4月，瞅准淄博烧烤行业新增市场主体320余家的时机，城商行、农商行推出针对烧烤业的特色产品，包括信贷产品和满减等优惠活动。齐商银行推出"淄滋贷"，向符合条件的烧烤店及相关行业个体经营者、小微企业发放经营性贷款，单户最高可贷100万元。此外，四大国有银行也参与其中，贷款利率低至3%左右，金融"宠小微""宠个体"力度空前。

城市发债多数花在不能直接盈利、短期盈利的市政工程、老旧城区改造、产业载体建筑项目上。从短期看，这些项目拉动了内需，创造了就业，令资源要素加速流动。从长期看，它们增强了城市对外来投资的吸引力，为产业运转和财税增量提供了基础条件。以特殊信用身份加杠杆的做法无可厚非，但它最终必须和地方产业

结构、财税结构以及风险管理水平相匹配。幸运的是，淄博工业税收贡献稳定，财政自给率处于中上水平，债务风险总体可控。

赶好两驾马车（下）

再聊一下"消费"这匹马。

淄博踏准了疫情后市场复苏的节奏，在消费方面更是点燃了2023年春天最旺的一把火。不过，也有人在一档电视节目中称："淄博烧烤之所以爆火，是因为民众没钱了。100块钱可以在淄博吃饱，这相当于消费降级。"当下持消费降级观点的人不在少数，但事实真是如此吗？我们从几年前的一次舆论风波谈起。

2018年下半年，我国消费品零售总额的同比增速呈现下行趋势。与此同时，拼多多消费平台正在崛起，主打"低价"概念并迅速成为互联网消费的新秀。不知是有人对市场过度敏感，还是有竞争对手幕后作祟，一篇名为《拼多多：一个消费降级巨头的诞生》的文章引发了消费降级大讨论。有不少人将拼多多平台的兴起归结为消费降级的表现，并借其他平台的数据加以论证。例如，京东金融大数据消费指数显示，当年1—7月，家用电器、家居家装和手机数码同比增速分别为31%、13%和23%，分别比上一年平均水平回落了20%、16%和12%。

反对者则认为，拼多多的火爆现象，更像是出于全国各层次的消费需求进一步"电商化"，拼多多只是复活了头几年的"团购"消费模式，整合零散的购买需求，压低采购价格。所以，拼多多给市场的启示是，网购平台用户不断分化，尽管社会舆论倾向于消费升级，但依然存在大量廉价消费的需求。

与五年前拼多多的登场氛围十分相似的淄博烧烤，主打廉价消费定位以及"特种兵式"游客展示给世人穷游的画面，让人们不得不产生消费降级的联想。一些图片显示，"特种兵式"游客为了省掉住宿费，拎着行李在淄博海底捞、麦当劳店里过夜。

商务部国际贸易经济合作研究院副研究员毛军是消费降级观点的支持者，他分析称："疫情之下，居民消费降级。2020年疫情初次暴发，短期消费降级已初见端倪，不仅居民人均消费支出下降，而且食品类刚需消费份额有所增加。国家统计局数据显示，2020年上半年居民人均消费支出同比实际下降9.3%，其中，城、乡居民人均消费支出同比实际分别下降了11.2%和6.0%。当年年中对消费者消费意愿的调查结果显示，不少消费者预期未来收入下降及秋冬疫情反复，消费决策更加谨慎，大多计划缩减未来消费支出……疫情对消费的影响短时间内很难消除，当前恢复和提振消费压力重重。"

北京有位学者发微博分享了他"五一"假期来淄博的消费体验："我坐高铁的来回路费要1200多元，其他游客也是如此，这叫消费降级？"跟评者打趣说："本来你可以坐飞机去的，现在只能坐高铁了，还不承认是消费降级？"根据去哪儿大数据研究院估算，淄博烧烤人均消费50元，带动当地交通、住宿等消费750元。同样是老工业城市的柳州，消费20元吃螺蛳粉能带动当地交通、住宿等消费975元。据说成都大熊猫繁育研究基地50元的门票能带动当地交通、住宿等消费1450元。淄博烧烤和小吃的低价消费主张是一种差异化策略，它回击了我国旅游市场高价宰客、强制消费、哄抬物价等乱象，引起了人们的共鸣和反思，与所谓的消费降级无甚关联。

"五一"假期后,一个签名为"冷眼看商业,洞见新世界"的博主发文称:"淄博低价现象,可以说是让旅游回归本源——以比较少的花费,见到更大的世界。""以前花在旅游上的钱,到底花哪里了?谁还不是个冤大头?为啥淄博烧烤便宜?还不是因为营业条件宽松,租金低廉?很多所谓的网红小吃,贵就贵在店铺的租金上,让消费者承担了很多不该承担的成本。淄博开了个好头,把这部分成本抛掉不少,能让人吃个实惠,以后可能有更多城市效仿。"他连珠炮似的发问,的确值得文旅行业深刻反思。

淄博把功夫下在消费领域,尤其是把实惠给了个体经济。在关键时期,市场呼吁激发经营主体活力,给个体经济松绑。城市管理者不能单用规模的标尺丈量其经济贡献,淄博自调节、自修复、自迭代,完善了城市经济的免疫机制,建立了区域市场消费信心,成为引发其他业态持续增长的"催化剂"。

新冠疫情防控期间,各地商务部门给市民发了不少消费券,李稻葵教授则公开建议"给每个低收入家庭发放1万元现金"。该建议遭到嘲讽,但大家不知道的是,的确有国家是通过发现金的方式疗愈疫情给消费市场造成的创伤的。2023年1月底,淄博市商务局、市消保委联合发布了《惠享淄博餐饮消费惠民活动实施方案》,拟在一季度开展"惠享淄博"餐饮消费惠民活动,在餐饮领域发放1000万元的惠民消费券。截至2月中旬,淄博在家电、汽车、批零住餐等多个领域发放了1亿余元的消费券,带动消费近70亿元。把这些消费券发给异地消费者,是不是成效更明显呢?于是,淄博赠券邀请各地"组团烧烤"的行动迅速展开。3月11日,淄博文旅集团组织的"身临齐境 畅游淄博"万人主题旅游活动启动。首先是大连某文旅企业持续11天每天发送游客300—350人,他们的年度目标是发送3万—5万人来淄博。知名旅游城市组团到工业城市观光，听上去也是一段佳话。3月，捧火淄博烧烤的主角出现，大学生自济南等地来到淄博品尝烧烤。后来的故事大家就都知道了。淄博在疫情后市场复苏的关键节点，以最低的成本、最实惠的消费价格，吸引了最多的游客。截至2023年7月末，北方各地组织到淄博旅游的公司团、旅游团依然络绎不绝，海月龙宫烧烤广场成了美食主题团建活动的大舞台。不得不说，淄博发动的这场特色消费战役，是一场持久战。

火爆的烧烤只是淄博拉动消费的一个序曲，家居、汽车、房产等耐用品消费市场的复苏迹象也随之而来。《环球时报》采访了中国地质大学（武汉）经济管理学院的张伟教授，他在报道中分析称："疫情防控政策优化后，振兴经济亟须寻找突破口，为此国家出台了一些政策，但如何将振兴经济与当地实际情况结合起来，如何寻找新动能，是不容易回答的问题。"淄博市管理者利用当地的烧烤优势和互联网流量，形成了烧烤效应。此举产生的引领示范效应，将推动当地其他领域的管理者寻找"出圈"的机会，进而形成集群效应与叠加效应等。从另一个角度理解，是淄博现象为全国"五一"黄金周消费市场的爆火场面点了火、添了柴，给疫情后全国经济的整体复苏建立了信心。

随着淄博烧烤爆火，无烟烤炉开始走俏。

有人说，遍布淄博大街小巷的无烟烤炉是一名魏姓烧烤店主发明的。这款小炉子以木炭为燃料，如果烤串凉了，食客们可以在炉子上自行加热。烤炉的横截面为梯形，炭火在两角，中间是一槽水，油滴到水中无烟无火。烤架分两层，下层烧烤，上层保温。2023年3月以来，"淄博烧烤炉"一度成为淘宝热搜排名前三的关键词。"五一"黄金周之前，网上某个销售淄博无烟烤炉的店铺称"已卖断货，年前准备了6000多台炉子，完全不够卖"。有人统计，烧烤炉厂家的订单量激增，跟几年前相比，2023年烧烤炉的月销量涨了约60倍。无烟烤炉是不是老魏发明的已经不好考证，但它的主产地是淄博隔壁的博兴县兴福镇。

　　40年前，兴福镇出现了几个靠加工商用厨具致富的作坊。此后，一户带几户，几户带一村，集体走上了规模化发展之路，形成了"家庭启动、市场牵动、小区带动、政府推动"的机制，被称作"兴福现象"。截至2023年3月24日，博兴县全县商用厨具注册生产企业有2000余家，年总产值为300亿元，占全国市场份额的40%、全省市场份额的90%。兴福镇绞尽脑汁构思"品牌升级""改变中低端印象"，想要打造厨具特色产业集群，向"中国智慧厨都"转型。不过，高端化步伐还没迈出几步，就在一场烧烤消费的洪流中回归"地摊市场"。各厂家马不停蹄地转战于工艺简单、售价低廉的低端烤炉突击生产中，毕竟订单比梦想更实在。这一现象也引起了产业部门的深思：靠低成本、低价格聚集起来的厨具产业，一定要争取挤入高端化、智能化的赛道吗？

　　用"降级"或"升级"定性短周期内的消费市场变化没有现实意义。在人们为"降级"和"升级"争执不下时，"消费分型论"为大家建立共识提供了有益的线索。我国消费市场空间大，消费文化、收入结构、调控引导等因素动态变化，使其多样性特征日趋明显，不同定位、定价、外观及功能的产品都能找到与之匹配的消费群体，因此，不宜以高端、低端这种"二分法"简单粗暴地定义。对此，福耀玻璃工业集团股份有限公司创始人、董事长曹德旺认为："企业做产品不要片面追求高端跟低端之分，应该坚持以市场为导向。"

2023年上半年，我国社会消费品零售总额同比增速较快，有持续走高的趋势，在餐饮、旅游、交通消费迎来反弹性增长之后，家居、家电、汽车等耐用品消费将陆续走高，部分门类或将超过疫情前水平。受三年疫情影响，居民收入水平发生波动，消费呈现出新特征，总体来说就是人们不再盲目地进行与其收入水平不匹配的消费，而是花更合理的价钱，买更合适的商品。

被误解的营商环境

淄博的炉火越烧越旺，网络舆论盛赞淄博是"营商环境标杆"。于是，解读淄博现象的人多了起来，学者、记者从区域经济、政治生态、精神文化等不同角度剖析其良好营商环境的成因。2023年"五一"黄金周之后，《经济日报》上发表的一篇名为《淄博烧烤"考"的是营商环境》的文章认为，科学合理地看待"淄博烧烤火遍全国"这一现象，对把握我国国内市场循环的内与外、政府服务的放与管、经济运行的标与本，从而促进我国营商环境高质量发展，有诸多启示性意义。其中的启示在于，当地政府把握住了地域内外市场循环的"火候"，灵活应用流量密码，拥抱数字经济时代城市营销的新手段、新模式，从而让一个北方老工业基地凭"烧烤"迅速火遍全国。

谈到营商环境，这里着重介绍一下周村。

周村是淄博下辖的一个行政区，位于张店以西，与济南接壤。清代中叶，周村已成为著名商业中心，与佛山、景德镇、朱仙镇并称"四大旱码头"。清末开埠以前，"周村非独为全境商业中心，亦附近若干县镇之中心市场，工商两业鼎盛时期，驾乎省垣之上"。当时周村在山东的经济地位仅次于青岛、济宁，每年货币流通量为1000多万两白银，数倍于济南。

1904年的两件大事改变了周村的命运。其一，德国人修建了6年的胶济铁路全线开通了，周村是一个重要的站点。其二，山东巡抚周馥联名直隶总督袁世凯上奏朝廷，请开济南、潍县及周村为商埠并得到批准。奏折中写道："……至省城迤东之潍县及长山县所属之周村，皆为商贾荟萃之区。该两处又为胶济铁路必经之道，胶关进口洋货、济南出口土货，必皆经由于此。"在列强强势要求下通过条约开放的口岸，为"约开口岸"；由地方提出、清政府批准、中国人自己开放的口岸，称"自开口岸"。前者受到条约国的种种限制，对中国人来讲，主权是受到损害的；后者是完全自主的，于国有利。周村开放自开口岸后，一批外资企业进入，市场集散能力迅速提高，引进的600余台意大利缫丝机，成倍提高了生产效率。1931年，周村丝织业达到鼎盛时期，城乡共有提花机1.4万台，从业人员5万人，年产丝绸300万匹，丝织业成为周村第一大产业。

算得上近现代商业重镇的周村，与依托矿产资源发展的发达重工业之地淄川、博山，共同形成了工商业交相辉映、繁荣兴盛的格局。政商、工商、农商的交流愈加频繁，建立公平、公正的营商秩序成为社会各界共同的诉求。其间，周村商会的兴起和竞争公约的推行，为建立良好的营商秩序提供了必要条件。然而，商号林立、工业发达的周村、淄川、博山和张店不久后便沦为殖民者和民国军阀派系的摇钱树，工商业日渐衰败。由此造成的惨痛教训，让今天的淄博对营商环境、商业秩序有了更多反思。

营商环境究竟是什么？

我们看到，不少城市把营商环境列入"一把手工程"，把打造良好的营商环境理解为提高行政审批效率，力推"三天办结""管家式服务"等政策。多数地方则奉行"客商为商""大商至上"原则。试问，本地企业和市井小贩就不是商吗？

大企业对地方营商环境的评价是偏颇的，因为它们从来不缺热情周到的政府服务。尤其是对于规模较大的外来投资者，从达成投资意向开始，市、区乃至街道全程陪同，关心备至，建立"专班式"服务机制。这种精致包装的热情与高效，并不能反映城市营商环境的水平，反而遮蔽了市场环境的真实面貌。

例如，世界500强企业到县城投资，落户项目一般是建厂房和生产线，财务、营销、研发部门不会随之而来。因为这类企业的营销通常是"卖全球"，市场部门会遍布世界各地，财务部门会选择"税收洼地"，研发部门则选择人才聚集的大型城市。所以，县政府与企业打交道只涉及链条上的生产环节，能提供的服务无外乎土地供应、证照办理、监管执法等。通常这类企业的法务工作、合规及风控工作做得很好，无须特别照顾，甚至有些企业投资落户，给当地政府提的条件竟是"互不打扰"——人家遵纪守法、依法纳税，"不被打扰"是对其最大的尊重。

反而那些主动向政府靠拢的内资企业，多数是抱着套取补贴或者打"擦边球"的心理。深圳市政府政策研究室主任吴思康曾在介绍深圳营商环境培育经验时，总结了三条：市场化、法治化、国际化。深圳经济特区建立40多年来，最成功的经验和鲜明的特征就是围绕建立社会主义市场经济体制积极探索，其中要素市场化配置改革最为关键。深圳通过要素市场化配置改革，形成了市场化、法治化、国际化的营商环境，吸引了各类生产要素向深圳流动。

营商环境的本质，是营造公平的竞争环境。

2019年，深圳的全球500强企业为七家，销售额过千亿元的企业为13家，销售额过百亿元的企业更是有60多家。吴思康坦言，市场化的机制已经深入深圳的骨髓，遇到一件事情，大到产业的规划，小到一个公园的管理，深圳的本能就是看能不能用市场化的手段来解决。深圳不少行业头部企业都是从"游击队"成长起来的，它们生命力旺盛，适应性强，在市场化的环境下成长为中国最懂市场、最适应市场的企业。

培育良好的营商环境，不可能一蹴而就。城市政府通常以优惠政策把企业吸引过去——抢到一家企业落户，能够产生立竿见影的经济成效；但培育良好的营商环境，则需要数届管理者的努力，需要政策一以贯之。

比起大中型企业，个体经营者更渴望良好的营商环境，渴望公平的竞争秩序。商家不怕竞争，怕的是搅局者。例如，某小区周边有五家理发店，剪发价格都在45元左右，理发师水平略有不同，居民觉得它们都挺贵的，但考虑到距离问题，一般会就近选择。然而有一家店在没有提价的前提下，突然提高了服务水平，而且对6岁以下的孩子和60岁以上的老人免费，结果大量居民涌向那家店。这就是所谓的搅局者。此时另外四家店第一时间考虑的不是怎样提高服务水平和搞促销，而是想办法联手搞垮"搅局者"。这不是一个杜撰的故事，而是各行业广泛存在的现象。20世纪90年代末，夜市地摊摊主们因争地盘、抢顾客而大打出手的情况比比皆是，甚至因此形成了黑恶势力。所以，城市营造安全、公平的市场竞争秩序，似乎比实施那些"一把手"招商工程更紧迫。试想，如果淄博夜市商家也为抢摊位、抢顾客而大打出手，怎么可能吸引游客不远千里来消费呢？

淄博之治深得民心的理由之一，正是城市管理者竭力创建公平的市场竞争秩序。

某段时间，淄博八大局便民市场传出了一些不和谐的声音，说是一家烤鸡店打出"最低价"条幅，称其售价比其他店便宜两三块钱。对此附近商家立即在网上喊话，扬言要报复。据笔者观察，八大局便民市场虽然摊位多、人流量大，但商品门类较少，同质化十分严重，有低价竞争的苗头。无论是在小街巷还是在全球大市场，商户同质化之后一定会陷入低价竞争，进入恶性循环。那么，怎么解决八大局便民市场商户的同质化竞争问题呢？笔者以为，商务部门可以牵头建立商户经营磋商机制，限定各门类商品的商户数量，引入更多差异化产品，同时打破原有的房屋租赁模式，依照店主信用度、好评率等指标建立动态进出机制，避免产生坐享其成的市场"钉子户"。

在流量的驱动下，八大局便民市场的店铺租金水涨船高。某小吃店老板称："春节前后，一个店铺一年的租金是三万元左右，还有很多租不出去的，现在涨到15万元人们都会抢。"因涨价太快，政府介入，遏制提价，要求店铺停止出售和转租。随后房东们又想了新方法，即采取房东持股的方式，房东不再收房租，而是从店铺的营业额中抽成。如果双方你情我愿，这也不失为一个好模式。2023年5月下旬的某一天，游客逛淄博八大局便民市场，偶然发现两家相邻的炒锅饼店铺卷帘门紧闭，被贴了封条。走近一看，上面赫然写着几个大字，日期处盖了红章。经打听，原来是两家店为争抢生意闹了矛盾，最后当着游客的面吵了起来，随后被查封，闭门思过去了。有网友说："这么好的营商环境，这么火的生意，店主居然有闲工夫吵架……"

打击哄抬物价，是淄博营造良好营商环境的一个重要手段。现阶段，我国执行的价格制度允许非必需品的价格基本由供需调节，厂家可以生产15元一件的文化衫，也可以走奢侈品路线，以千元价格销售T恤。然而，以服务人民大众为目的的公共产品，例如公共厕所、公共交通、基本医疗、基础教育等，须满足低收入人群的需要，体现公益性。在城市停车服务方面，相较于各城市不断攀升的公共停车、商业停车收费标准，淄博做出了"应减尽减""能免则免"的示范。

2023年，来淄游客数量大幅上升，为解决广大游客和市民停车、如厕难题，4月24日，淄博市城市管理委员会办公室印发了《关于免费开放淄博市市直及各区县部分党政机关事业单位停车场、公厕的通知》，按照"应开尽开"的原则，要求具备开放条件的机关事业单位免费向社会开放停车场和厕所共计207家，其中市直单位34家、各区县单位173家。其实早在2019年7月，淄博已在山东省率先实施党政机关、事业单位向社会错时免费开放停车场和厕所。与之形成鲜明对比的是，2023年5月1日，有关珠海天价停车费的一则短视频引发了数千人关注和评论。该视频以一张停车场收费640元的收据展开，配以"在珠海停车31小时10分钟，旅游还有'停车刺客'"等文字，并公布了收费酒店的信息。视频发布者于5月2日删除该视频并称"酒店已退还停车费"。酒店相关负责人回应称："酒店停车场明码标价，但出于酒店发展考虑退还了停车费，日后会考虑在节假日施行最高每天200元的封顶价。"

淄博还发布了《关于阶段性对宾馆酒店客房哄抬价格行为认

定有关问题的通知》，规定2023年"五一"假期前后，在全市范围内对宾馆酒店客房价格实行涨价幅度控制措施，按3月1日—3月31日宾馆酒店各类型客房平均实际成交价格（包含线上、线下所有实际交易结算金额），上浮超过50%的，按哄抬价格行为予以查处。浙江省临海市也向住宿行业经营者提出倡议，针对基础房源（除豪华套房、商务套间等高端房源外的房源），"五一"假期房价在平时基础上涨幅不能超过150%。此前，济南市在2022年度全国硕士研究生招生考试期间，也曾对特定区域的宾馆酒店客房价格实行涨价幅度控制措施：在规定时间和区域范围内，宾馆酒店客房价格上浮超过正常平均价格100%的，按哄抬价格行为予以查处。

商业秩序遭到破坏，通常源于商家之间的恶性竞争，包括毫无节制的造假、利诱和毁谤。从商业伦理视角看，一个人的道德准则，在踏入经营之门的这一刻就可能已经瓦解，所以，公平有序的市场，是在有为政府的匡正监督下实现的。城市政府服务效率再高、"营商环境"再优越，又有什么价值呢？像淄博这样，把市场经营的底线往上提一提，扶正商家内心那杆秤，彼此诚信，彼此成就，这比喊口号打造所谓的"一把手工程""企业吹哨、部门报到"之类的花架子更有裨益。

极简行政

建立公平有序的市场，既需要坚持尊重市场规律，科学处理好政府与市场的关系，也需要建立高效的行政服务体系。淄博实时响应市民和游客提出的诉求，服务细致入微，令大家赞叹不已。一名游客评价道："让我震撼的是一个城市的领导班子可以从上到下齐心合力做好一件事。我们看到了淄博对游客的尊重，他们一定会认真听取建议而不是'踢皮球'。淄博速度告诉我们，路可以一天翻修好，合理诉求可以得到及时回应。"

社会很单纯，复杂的是人。拖累行政效率的罪魁祸首，是复杂的人情世故、繁文缛节和形式主义。只要愿意舍弃它们，将问题简单化，就能提高行政效率。举个例子，英国的一家报纸曾经举办过一项有高额奖金的征答活动，题目是："在一个充气不足的热气球上，载着三位科学家。第一位是环保专家，他的研究可以拯救无数人，使人们免于因环境污染而面临的死亡；第二位是核专家，他有能力防止全球性的核战争，使地球免于遭受灭亡；第三位是粮食专家，他能在不毛之地，运用专业知识成功地种植食物，使千万人脱离饥荒。此刻热气球即将坠毁，必须丢出一个人使其余的两个人得以存活。请问，该丢下哪一位科学家？"

征答活动见报后，读者纷纷把自己的答案投给报社。答案主要围绕哪一位科学家更重要进行讨论：有人说环保重要，有人说核重要，有人说粮食重要。为此，各方争吵不休。最终，一个小男孩答对了题，中了奖。小男孩的答案再简单不过了——丢下最胖的那个人，因为要解决的问题是"防止热气球超重坠毁"，而不是任何其他科学问题。而解决这一问题的关键，就是减少热气球承载的重量，"减重活命"即最简单、最合理的答案。

简单直接的方案通常是最高效的方案。

淄博的做法就是将复杂的工作流程进一步简化，让问题公开化。简化权力链，戒除官本位风气，突破传统行政逻辑，将行权曝光在全国网民的目光之下，实现"解决问题不隔夜"。某天，有个游客在淄博街头买到了腐烂的桃子，于是打电话投诉。监管部门接到投诉电话后让商家全额退款，两个小时便解决了，速度之快令人称奇。

形式主义是将简单问题复杂化的元凶之一。2020年央视春晚上由沈腾、马丽等主演的小品《走过场》，是批评工作中形式主义泛滥现象的一部作品。小品中，"给整座山刷绿漆"的员工甲醛中毒，明明已经康复，但为了让沈腾饰演的科长能表演一场领导探望职工的感人画面，从而进行宣传报道，便装病、弄虚作假。马丽演绎了下属是如何装病骗领导的，让观众啼笑皆非。这样一环扣一环，上行下效，整个链条都"坏透了"，让人大跌眼镜。小品的结尾出人意料：科长本想打电话邀功，却被告知要接受惩处。整部小品是对现实的讽刺。

形式主义的产生，与科层制治理结构下的信息不对称、权力不清晰、行权不透明不无关系。科层制的特点是金字塔管理结构。金字塔管理结构是人类社会最常见的组织治理结构，因其简单、高效和稳定的特点成为权力运行的理想模型。但是，在日趋复杂的城市社会，金字塔管理结构的弊端也渐渐暴露，例如在大型城市治理中，它无法快速地将政策与百姓的需求互通，难以实现人人参与社会治理。此时，互联网模式下扁平化的沟通决策机制唤起了人们参与城市建设的积极性。

在和网友、游客互动的过程中，淄博在线受理、响应视频平台上的视频求助、视频投诉。这种响应机制超出了一般人的想象，也重新定义了"12345政务服务便民热线"（以下简称"12345热线"）：热线不仅有电话版、短信版，还可以有短视频版。为了进一步说明简化行政服务工作流程的方法，笔者在此介绍一下12345热线的运行机制以及它对城市治理产生的重要影响。

一个上海女孩介绍，她曾经打12345热线投诉上海地铁12号线某个站点的抓娃娃机的"神奇本领"——让她抓了多次都没抓到。她怀疑是娃娃机设备运营商搞的"猫腻"。投诉次日，运营商主动打电话联系她，并以"任选一个娃娃"为条件，想要平息此事，女孩愉快地答应了。这个故事用一种浪漫的手法展现了12345热线的神奇本领。郑州一个市民向电信运营商反映小区信号不好，请他们改善，但迟迟没有收到答复，无奈之下打了12345热线。运营商两个小时后就打来电话，次日便进行了实地测试。12345热线的效率为何如此之高？早在20世纪末，各城市就开始探讨热线服务标准化，规定受理流程、受理时限、满意度回访等考核指标。2016年12月，通过国标委审批的《政府热线服务规范》正式面向全国发布。各城市参考该标准对12345热线的工作做出硬性要求。随后，各城市在此标准上提高要求，例如将答复时限缩减至24小时，建立每月评分排名机制、纪委约谈机制等，督促各部门提高受理效率和市民满意度。

12345热线在接受和回应公众咨询及投诉的过程中所积累的海量数据具有很强的真实性、即时性和代表性，可以帮助政府更好地了解公众需求，发现服务提供和城市治理中存在的问题，提高政府在决策、服务、监管等方面的科学性和精准度。作为城市服务的沟通桥梁，12345热线让行权暴露在阳光下，把复杂的行政流程简单化了。

我国最早开通政府服务热线的城市是杭州，当时还叫"12345市长公开电话"。其实，早在1988年4月1日，杭州就开通了

"24008市长专线电话",与此同时,全市六个城区以及同群众生活联系密切的42个市级委、办、局都建立了专线电话,形成了一个以市长专线电话为中心的全市专线电话网络。由此,老百姓"以前不知道找谁,不知道该去哪里"的投诉和建议都有了一个统一集中的发声平台。1999年,24008改为12345,"12345市长公开电话"审批通过,正式开通。杭州经验此后在全国推广落地。

  事情本是简单的,夹杂了过多人为因素的干预才变得复杂。简政放权和行政流程再造是关联密切的两个概念。流程再造思想起源于20世纪90年代。当时,麻省理工学院教授迈克尔·哈默和CSC管理顾问公司董事长詹姆斯·钱皮提出了"业务流程重组"的思想。哈默认为,常用的工作流程大多是根据经验设定的,许多环节没有价值,如果要用信息技术给业务提效,就得重新设计流程,进而以"流程导向"替代"职能导向"。然而,经过几年试验,成功率只有3%—5%。哈默承认,他忽略了人的思想和习惯等因素。在行政领域,形式主义和官僚主义或许是导致流程烦冗的元凶,而人的地位被重新安排,以结果为导向、用户至上的流程重组弱化了个人的权力,遭到了太极式抵抗,所以出现了表态多、调门高、行动少、落实差的现象。形式主义、官僚主义具有隐蔽性、复杂性和长期性,管理者恩威兼施、久久为功,才能让简单的事件回归本质。

第七章　城市治理的最后一公里

八大局"违建"下的民生

2023年"五一"假期前夕，淄博八大局便民市场荣登"最热门景区榜单"之首，当然，这是非官方榜单，是由一些互联网平台评出来的。被誉为"力压长城、泰山、故宫等风景名胜的'5A级菜市场'"，究竟有何魔力？走进八大局便民市场，首先映入眼帘的是名目各异的网红店，各个招牌背后，是一间挨一间的简易彩钢房。这不就是人们常说的"违建"嘛！莫非这网红一条街实质是"违章建筑群"？

彩钢房组成的八大局便民市场，在成为网红一条街之前，主要功能是保障周边居民生活物资的供应。一般而言，对承担民生功能的"违章建筑"，城市会进行规范化改造或者拆除重建。

淄博没有拆掉八大局便民市场，而是对其进行了持续的改造修整，将它保留下来，否则就没有今天的"5A级菜市场"的传奇故事了。最近一次对八大局便民市场进行的改造，包括修整和完善停车场建设，按照规范、有序、简洁的原则，统筹做好标识标牌、宣传服务、垃圾处理等工作。此外，辖区还完善了各店面设施设备和功能要素，设置了休息客椅，加大了对食品安全、安全生产的监督检查，把社会治安、价格监管、交通疏导等作为重点治理内容，常态化设置小型消防车和消防摩托，定时检查商铺电路、烟道等。此外，八大局便民市场还根据自身条件评估接待能力，对游客进行"限流"。笔者以为，长期以来淄博未拆除八大局便民市场，也有保护个体从业者饭碗方面的考虑。

从建筑构造和完善的保障措施来看，八大局便民市场不仅是"5A级菜市场"，还算得上是最安全的"违建"景观群。那么，对于城市管理者而言，违章建筑的安全隐患应如何排查处理呢？违章建筑常见的安全隐患，是倒塌、火灾等。经营场所环境复杂，人员密集、流动性大，如果建筑材料耐火等级达不到要求，一旦发生火灾，极易造成群体性安全事故。

据公开消息，2020年3月7日，福建省泉州市某个用于疫情防控期间人员隔离的酒店发生坍塌事故，导致29人死亡。该酒店系无规划和无施工许可，违法违规建设、改造和加工的。2021年7月12日，江苏省苏州市吴江区某酒店发生坍塌事故，导致17人死亡。事故原因是错误的改造设计、违法装修和野蛮施工。2022年4月29日，湖南省长沙市望城区金山桥街道一栋居民自建房发生倒塌事故。这栋自建房原本六层，被村民加盖了两层，房屋出租后，租户对房屋又有不同程度的结构改造，最终发生事故，造成54人遇难，令人痛惜。建筑物突然倒塌或失火，对毫无防备的人来说是灭顶之灾。一位基层干部坦言，自建房违建存在巨大的安全隐患："真希望基层摸排上来的数据，最终不只是停留在纸上，而是能据此来一次真正的大整顿！"

武汉市的汉正街，是拉开中国城市商品流通体制的改革大幕、对中国个体经济发展产生重大影响的"天下第一街"，它曾以"买全国、卖全国"闻名于世。

截至2022年10月，武汉市登记在册的个体工商户达到98.14万户，其中很大一部分聚集在汉正街。2022年6月，据湖北省服装商会介绍，汉正街上，仅服装经营类商户就超过一万家，有工厂的服装企业超过3000家，年成交额超过千亿元。

汉正街生意火，个体工商户密集，因此具有很大的安全隐患，曾经各种火灾事故频发。据了解，武汉市从2002年冲刺第一届全国文明城市开始，到在2014年第四届全国文明城市的评比中胜出，三次的跌倒都是因为"一票否决"。第一次是因为市领导严重违纪，第二次是因为发生重大交通事故，而第三次就是因为汉正街在2011年1月17日发生火灾，酿成一起导致14人死亡、4人受伤的重大生产责任事故。2011年以后，汉正街的火灾隐患才终于得以根治。

此前，汉正街的消防安全大整治行动开展了不少次。2005年12月，硚口区启动汉正街消防专项治理行动，三个月内，6657家非法服装加工商户全部关闭，彻底搬离汉正街。2009年2月5日大火后，硚口区启动为期一年的汉正街综合整治行动，分三个阶段推进消防安全、地下空间、拆违控违三大专项整治行动。在铲车挥舞的铁臂下和氧割枪喷出的熊熊烈火中，低空阳篷和遮窗广告纷纷坠落，被氧割分解运走。几乎每家商户都有违规扩建的店面，有些商户腾空了扩建的店面等待被拆除，也有一些商户"不高兴被拆除"，因此整治行动进展缓慢。一方面，有了多次火灾的教训，有些居民期望政府对汉正街进行整改；另一方面，拆除违规扩建的店面让商户的店铺面积缩小了,他们不情愿。据说,老商户习惯了将生活区和商铺、仓库混在一起,因为这种原始且方便的生产销售模式可以为其带来更多利润。于是,在一次又一次的惨痛教训之后,仍然还会有人抵触拆违建、开消防通道。

汉正街寓意为"汉口之正街"。明朝成化三年,汉水改道汇入长江,往来商船纷纷在此停泊。日复一日,店铺越来越多,逐渐形成了汉正街。数百年来积攒的沉疴痼疾历经无数次大火仍未得以根治,其背后必然隐藏着盘根错节的利益之争。靠它自我改革、自我修复是不可能的,所以城市管理者必须下猛药治理。2011年大规模彻底整顿后,汉正街上的百姓算是过上了安宁的日子。

《人民日报》曾发表一篇对违建问题的评论《清理违建 "拆"只是第一步》。在缺乏小区物业管理权、处罚权的情况下,执法部门监管处置"违建"问题常显得力不从心。提高市民法律意识、加强立法、普法才能根治此类问题。例如,香港特别行政区的法律要求,未经政府部门批准对任何楼宇进行加建或改动,均属"违建工程"。即便是搭建空调机冷却塔的支撑构架、晾衣架等看似十分平常且无伤大雅的行为,涉案人员都有可能面临最高40万港元的罚款以及两年的监禁。正是在这样的高压政策下,寸土寸金的香港才极少出现违建现象。

南方某县城街道办曾受理过这样一起投诉:居民举报隔壁酒店后院内存在违章建筑,酒店私自搭建二楼后造成其家中墙壁渗水、墙皮掉落,要求立即查处。电话那头是一对老两口,因为担心酒店新建的平台会往家里渗水,很是着急。他们所在的小区为老旧小区,普遍存在不同程度的房屋老化问题。由于老两口都不在家，街道工作人员赶往现场后，将居民的投诉告知酒店负责人，得到的却是截然相反的解释。酒店方表示，酒店装修的平台属于正规建筑物，并非违建。城管执法中队到达现场后再次进行了细致的实地勘察，同时要求酒店出示房屋结构图纸，经过严格核实比对，确定酒店施工的平台属于合法建筑。这场"违建之争"问题其实不在于是否存在违建，而在于是否能解决居民担心的渗水问题。围绕防水问题，社区和执法中队代表居民同酒店进行了数次沟通，最终酒店同意尽快在靠近居民楼的位置铺设防水层，并保证居民家中不会渗水。

城市治理的具体工作应以问题为导向，以解决问题为目标，而过度强调职责分工、寻医问药的"导诊式"工作思路很难让民众满意。工作上应该强调"如何解决问题"，而不是把"职能分工"放在首位，迫不及待地做"责任切割"。尽管术业有专攻，但过早地切割责任是一种懒政的表现，因为大部分疑难杂症都是以"一事一议"的方式由各部门协作解决的。2021年上半年，针对不合规划、土地不合法、存在食品安全隐患等问题，郑州排查出33家违规违建农贸市场，其中部分已关停。特别需要指出的是，此次违规违建农贸市场整治行动，并非"一刀切"全部拆除，而是采取"一事一议"的方式，违章情节轻微的市场可提出申请，主动完善手续，进行升级改造，另一些条件极为简陋、存在重大消防安全和食品安全隐患的市场，则被限期拆除。

"违建"是城市治理中法理与情理冲突的代表之一。白纸黑字规定的违法行为，在建造者甚至多数居民看来是"合情合理"的。当情理的势力占据压倒性优势时，城市管理者便会迎来一场"原则和智慧并重"的决策挑战。在城市化进程中，制度要持续更新，其节奏与尺度的把握、实施时机与方式的选择甚为关键。治理"违建"式的问题，方法比态度重要。

民生无小事

基层无大事，但百姓无小事。

山东大学的学生与淄博烧烤"双向奔赴"的背后，还有一段不为人知的捕杀流浪猫的故事。在山东大学中心校区，经常会看到一些流浪猫与过往师生互动嬉戏，它们或躺在校园的草坪里慵懒地晒太阳，或穿过讲台、蹲到桌下"听课学习"。这群流浪猫已经成为山大师生和山大动物保护协会的"团宠"，同学们还给它们编号起名，搭建小窝，定点定时投喂，而喂养费用多由教授们资助。数年来，流浪猫与师生建立起深厚的情感，成为校园里一道亮丽的风景线。

山东大学中心校区出现新冠阳性病例后，学校开始实行封闭式管理。此时一名学生逗猫被抓伤，须请假出门打疫苗。该事件让防疫工作小组紧张起来，他们认为流浪猫可能是病毒携带者，便下发了严禁在校内投喂、触碰流浪猫的通知，初步计划对流浪猫进行捕杀，一时间引发激烈争议。在防疫大局之下，杜绝人猫传染的出发点没有错，但未经调查研究的粗暴做法，有可能激起师生不满，发酵为负面舆情。山东大学中心校区驻地为历城区政府山大路街道办事处，街道办主任张林带人走访摸底，咨询专家，据理力争，最后证明校内阳性感染者确实与猫群无任何关联。这时，学生们已被安排到淄博等地隔离。隔离结束后，师生重返校园，见到躲过一劫的流浪猫玩耍嬉闹，重温了昔日的美好。

"千里之堤，溃于蚁穴。"维持城市稳定如同筑就千里之堤，基层部门应全力以赴扫清蚁穴，防微杜渐。到山大路街道工作之前，张林曾在唐王镇工作过10年。草莓种植是唐王镇村民的经济来源之一。2015年年初，三家草莓种植专业合作社与寿光某草莓种子公司签订合同，购买草莓种子在育苗基地种植。然而，到了出苗季节，要么只有零星的小苗，要么只开花不结果，出苗率不到20%。村民们心急如焚，眼睁睁看着一季草莓出种无望。无奈之下，几个村民商量一起去寿光，打算用武力解决问题。

张林得知此消息，找到了这几个村民，引导他们通过合法合规的程序解决问题。张林和综治办工作人员前往受损草莓大棚实地对比查验，调查取证，将草莓种子样本寄送到有资质的第三方专业机构进行检测，初步判断寿光引进的种子质量不合格。在种子采购合同中，双方约定了"如果购买的草莓种子出苗率达不到90%，由种子公司全额退还种子货款"。

于是，张林联系了律师，向法院提交了起诉书和证据材料。法院开庭受理审查，判决被告方偿还合作社购买种子的全部资金，维护了合作社农户的合法权益，避免了社会矛盾进一步激化，一场争端终被平息。用这样的具体事例提高居民的法治意识，远比说教式普法工作有效。

20世纪60年代初，浙江省诸暨市枫桥镇探索出"发动和依靠群众，坚持矛盾不上交，就地解决，实现捕人少、治安好"的优秀经验。1963年,毛泽东同志在枫桥人创造的这一经验材料上批示:"要各地仿效,经过试点,推广去做。"①习近平总书记指出,50年前,浙江枫桥干部群众创造了"依靠群众就地化解矛盾"的"枫桥经验",并根据形势变化不断赋予其新的内涵,成为全国政法综治战线的一面旗帜。②浙江省各级党委和政府高度重视学习推广"枫桥经验",紧紧扭住做好群众工作这条主线,为经济社会发展提供了重要保障。

据了解,枫桥镇在各居委会、村,甚至在一些重点企业中都建立了相应的调解组织,使大多数纠纷在村一级就得到了解决。对曾经有过违法行为的人员,坚持"不推一把拉一把,不帮一时帮一世"的原则,使他们绝大部分人成为自食其力的劳动者。将矛盾消解于端倪之中,将风险化解于无形之中,做到了"小事不出村,大事不出镇,矛盾不上交"。枫桥镇的成功实践,被总结为"枫桥经验",成为基层工作的全国典范。

调解机制是司法体系设计的一种弹性机制,目的是在矛盾初期推动关系修复,避免走向对抗与分裂。而通过科学规划,引导不同市民分区而居,也是改善矛盾、减少纠纷的一种城市治理主张。该主张最早见于春秋时期齐相管仲提出的"四民分业定居论"。淄博市临淄区是先秦时期的齐国故城。管仲率先探索以"四民分业定居论"划分社会角色,将民众分为士、农、工、商四个群体,让他们按各自分工聚居在固定的地区。管仲认为,四民分业定居的益处,

---

① 中国共产党新闻网:《图解"枫桥经验"》,http://dangshi.people.com.cn/n/2013/1012/c85037-23180258.html。

② 《习近平:把"枫桥经验"坚持好、发展好 把党的群众路线坚持好、贯彻好》,摘自《人民日报》,2013年10月12日。

一是"相语以事，相示以功"，同一行业的人聚居在一起，易于交流经验，切磋技艺；二是"相语以利，相示以时，相陈以知贾"，对促进商品生产和流通有很大作用；三是形成专业气氛，使人人安于本业，不至于"见异物而迁焉"，从而维持各行业稳定生产；四是于无形中形成良好的社会教育环境，让人们从小就耳濡目染，不需要父兄严厉的教导也能成材。如今城市人口的构成更加多样，每个社会角色都有自己的诉求，且各种诉求往往是互斥的。管仲的"四民分业定居论"在今天城市人口的聚居分布中亦有体现。例如我们常听别人说某个城市"南富、北穷、西农、东商"，描述的就是不同群体分区聚居的特征。

城市人口分区聚居，或者说居住隔离的格局，是受城市自然形成的空间格局、人为的功能划分以及房地产市场价格引导等多个复杂因素的影响而形成的。一般来说，城市社会分化越严重，居住隔离的特征就越明显。居住隔离有利有弊。例如有人指出，居住隔离现象不利于个人的生活与发展，不利于城市的管理和社会公平。也有人认为，居住隔离可使城市治理更精准、更精细，类似于餐饮行业的分餐制，可为不同的人提供不同的菜单和服务。分餐制原则可以避免政策的浪费和滥用，也能从一定程度上改善"众口难调"的问题。大型城市"多中心"发展会加剧居住隔离现象。"多中心"即在城市不同区域形成一个个居住、工作功能齐备的空间体系。北京的亦庄、回龙观就是典型的例子。

"多中心"发展的出发点和根本意义是缓解人口压力，改善交通、环境等诸多领域的情况。然而，"多中心"发展模式不是淄博的"菜"。一方面，淄博城区组群式分布，本身就有"多中心"的特征。另一方面，"多中心"要求各个区域建立水平相当、功能完备的公共服务体系，且区域之间公共交通建设耗资巨大。这些是淄博从人口特征角度来看不需要、财力水平也无法支撑的。根据2021年发布的《淄博市全域公园城市建设规划》，市域公园城市规划结构为"一心、两环、三带、四片区"。"一心"指以张店区为核心的四位一体主城区。未来几年，淄博仍将举全市之力进一步打造张店区。根据山东省统计局反馈，2019年，张店区作为中心城区，城镇化率为95.89%，基本没有村庄。高新区、博山区、淄川区、周村区、淄川区和临淄区的城镇化率都在70%以上，全市常住人口城镇化率为72.04%，超过全省平均水平10.53个百分点，居全省第二，仅次于青岛。

随着城镇化的加速，解决新旧社区建设、新老市民融合过程中的矛盾问题成为基层的工作重心。例如，随着城郊的行政村合并改建为新型农村社区，农民成为新市民之后，其家庭结构、经济条件、文化习惯与普通城市居民有所不同。街道、社区居委会要准确把握这些新市民的特征，既不照搬城市经验，也不沿用传统的农村模式，在提供物业服务、开展群众活动等方面既要照顾到他们的家庭经济承担能力和参与愿望，又要尊重他们的认知水平和生活习惯。新型农村社区的养老服务给街道社区留出了较大的探索空间。

前文提及的人民网文章《淄博又上大分！这次不是烧烤》称，在淄博沂源县姬家峪村，不少老人的子女在外打工，这些老人独自应付一日三餐便成了大问题。2022年，当地决定在村里开办长者食堂。每天，老人们早早地就聚集在食堂，开展娱乐活动、拉家常。食堂不仅解决了老人们的吃饭问题，还照顾到了他们独自居住感到孤单的问题。村民刘训昌说："留守老人自己在家里挺闷的，到这里来玩一玩,到了饭点食堂准时开饭,子女在外面打工也放心。"此外,淄博还成立试点,通过信用积分的方式鼓励村民志愿者参与食堂工作。凡是参与食堂工作的志愿者,都可以获得相应的信用积分并兑换相应的奖品。淄博下辖的桓台县推行"农村幸福院+长者食堂"的运营模式,一些村将幸福院跟长者食堂建在一起,入住幸福院的老人每月交900元左右,不仅可以一日三餐都在食堂就餐,还可以享受居家照料、健康管理等多项服务。

其实"长者食堂"模式由来已久,只不过人们对此仍不熟悉。

建立长者食堂、农村幸福院、社区养老院等是对我国传统家庭养老模式与社会养老模式进行有机融合的创新探索。根据2019年中国伦理学会对山西闻喜、浙江上虞等地城乡居民的抽样调查,在赡养老人的方式上,大多数调查对象选择"与老人一起住或就近居住",只有少部分调查对象选择"雇人照顾老人的饮食起居且抽空回家看望",或"将老人送到社会养老机构"。例如,山西运城下辖的闻喜县,其276个行政村中的一半建有日间照料中心,成为解决农村老人一日三餐的主要途径。本地居民将日间照料中心称作"第二个家",而不仅仅是"食堂"。在这里,老人们每天参加各种各样的集体活动,为他们原本孤单的老年生活增添了许多色彩。实际上,对基层来说,每年维持日间照料中心的运营费用是不小的经济负担。面对经费缺口,一些村借助承办红白喜事进行"开源"。例如,某村承办的红白喜事每年达2000桌以上,每桌统一定价200元且可获利50元,总盈余基本能满足日间照料中心的运行。此举既弘扬了社会新风尚,又保障了老人们的生活所需。

街道和社区是"基层"的代名词,是政府治理的"神经末梢",它们能"及时感知社区居民的操心事、烦心事、揪心事,一件一件地加以解决"。基层问题千变万化,细小繁杂,等待着更多的有心人去探索与发现。

情理式断案

某城市为彰显城管执法工作创新成果,挂牌成立"纠察科",拟专责监督城管执法乱象,通俗点说就是"管城管的城管"。该事件被拍成视频传到网上,舆论一片哗然,网友纷纷谴责"本末倒置、浪费编制""东施效颦"。

城管执法队伍在城市街头追赶、驱逐流动商贩或罚没其商品的画面,被国人诟病了数十年。甚至一些文艺工作者在作品中将城管塑造成"公敌"形象,并公开嘲讽。与我国城管执法的场景相比,印度街头的体罚式执法更是"魔高一丈"。前文说到印度警察管理摊贩"睁一只眼,闭一只眼",有其柔性的一面,但其实也有野蛮的一面,即"打屁股"。印度城市警察手里的小木棍,是体罚违法者的"神器"。为什么以打屁股的方式进行惩戒呢?有一种说法是,印度为英国殖民地时,英国人为了减少与印度人冲突,就委任一小部分印度人担任辅警,维护社会治安。同时,为了防止这些辅警反水,便不将枪械交给他们,而是每人发放一根木棍。这个传统一直延续至今,木棍成为警察执法的"标配"。还有一种不同的解释,即在印度教教义中,法杖代表着伸张正义,警察手中的木棍寓意为"正义之杖"。不管怎样,在文化和宗教的长期熏陶下,印度公民默许了这种体罚形式。

眼下淄博的执法队伍，令全国人民交口称赞。2023年5月中旬的一个夜晚，淄博某处室外烧烤摊上，有人拿着话筒唱歌，造成了扰民。民警前来劝说，希望他们体谅周围居民楼里有正在备战高考的学生，请他们"别开音响，小声一点儿"。不料，他们自称"外地来的"，并不断挑衅。其中一名男子大声叫喊着说："我现在说话已经超过50分贝了！我们现在全都在扰民！我们是外地来的，把我们都赶走吧！"警察多次劝说无效后，采取强制措施将几人带走。随之现场一片沸腾，周围人拍手叫好。其实围观群众并没有真正了解挑衅者到底触犯了哪条法规，也不清楚警察强制将几人带走的依据是什么。他们判断警察执法行为的正义性，并不是依据法规，而是依据"情"与"理"两个字。如果警察劝诫时并没声明"体谅学生在备考"，而是直接亮出白纸黑字的管理条例进行管制，围观者还会站在警察一边吗？

在很多人的思维中，情与理是先于法的。法是冷色调的，照理说，对触犯法条者强行拿人、扣物，无可厚非，这是法律赋予执法者的权力。然而这种方式从我们的情理观念上却行不通，因为大家心中的法，或者说大家期待的法是暖色调的。这位警察传达了"合情合理"的执法动机，而非"违法违规"的执法命令，迎合了所有人的情感期待，所以现场一片叫好，视频被传到网上后也成为"正能量事件"。游客称赞执法工作有"淄博温度"，因为执法者依法开展行动之前，先从情理角度进行了劝诫。那么，为什么有些城市的执法者做不到心平气和、有理有据地劝诫呢？道理很简单：手里有了执法权，底气足了，容易失去耐心。

法亦容情，法中有情，是我国立法、执法工作的特色。街道社区是在依法治理的框架下开展人情调解治理工作的主要承担者。街道办事处是城市基层治理的一个重要角色。时至今日，城市管理的日常工作都在街道和社区开展，因此这些基层工作人员是与居民以及市场主体打交道最多的一群人。街道和社区是最考验一个人的经验、技术和智慧的地方。

"上面千条线，下面一根针"，烦琐复杂、艰苦困难的基层工作常令基层工作者感到压力很大。例如淄博的八大局便民市场所在的体育场街道办，面对大量游客涌入，既要全力做好迎接游客的工作，保障消防安全、环境卫生、公厕充足，又要受理投诉、管理商户、帮助大学生看行李、为走散的孩子找父母、定时检查市场卫生，确保万无一失。此外，街道办还得做好对周边居民的安抚工作——原本安逸的社区生活一下子沸腾了，买菜得舍近求远，处处让着"外地人"，有意见的居民越来越多，街道办、居委会得分别出面协调。

除了体育场街道不辞劳苦的基层工作者，张店区各部门、驻地学校、企业、志愿者组织以及居民个人也共同参与了这个"5A级菜市场"的建设和服务，大家共同打造出一个安全、和谐、友善的局面。作为城市治理的基层单元，体育场街道继三年疫情防控工作的大练兵之后，又一次进行了高强度的"实战训练"。

街道工作事无巨细，到了社区这一级，针头线脑的琐事就更多了，包括调解家庭成员之间、邻里之间的矛盾。在法治框架之下，街道工作者更需要讲人情、讲道理。国人讲情理，不一定是直白地诉诸个人利益，国人的情理观念通常依附在习惯、民俗、历史典故甚至民间信仰上。

举个例子。作为关公故里的山西运城，"忠孝仁勇"的文化氛围浓厚,尤其一些农村会定期举办"关公巡城""忠义课堂""邻里好仁家"等民俗活动。在紧邻运城解州关帝庙的西元村,村委会民事纠纷调解室中立着关公像,如果人们有家庭矛盾、与邻里不和,便会被叫到这里来调解。村民纠纷中不少是涉法案件,情节轻微,不至于走诉讼程序,所以会把当事人叫到关公像前问话、调解——在这里,关公即"忠义仁勇"的精神符号,关公就是村民的情和理。情理式断案成为基层法治的补充。有些村子还选出具有"忠义仁勇"品格的新乡贤人物,让其发挥特有的人缘、地缘、亲缘优势,为民主治理、公共事务的治理增添和谐力量。

在一些学者的研究报告中,民生之事通常被归纳为以下几类:就业问题,钱好不好挣;物价问题,吃穿住用行是否承担得起;教育问题,孩子能否享受公平的教育;医疗问题,辛辛苦苦赚钱之后,"一病回到解放前"怎么办;娱乐问题,是否有空闲时间出去旅游,治愈一下"城市病"。然而,学术研究总结得再缜密,到了街道、社区工作者这里,理论拼图都变成了碎片。百姓关心的,往往是谁家宠物狗在楼道里拉屎、谁家天天乱停车堵住了路、隔壁一直装修到夜里10点半很扰民、楼上渗水物业调解多次敲门不开等等。所以全网点赞淄博,不是称赞其城市规划蓝图宏大、工作报告妙语连珠,而是感叹在法治的框架之内,淄博把碎片化的小事做对了、做好了,或者说把基层工作做到位了。基层工作就像吃小龙虾,肉少、难剥,还脏手,只有坐在市井地摊,才能品出它的滋味。

几年前,上海市某小区上下楼邻居之间发生了纠纷,起因是阳台渗水,随后矛盾升级。楼下老王买了一台"震楼器"对整栋楼进行"无差别攻击"。楼上住户曾经用敲击地板等方式反击过,未曾想"震楼器"振幅更大了。固执的老王一震就是五年,使整栋楼的住户饱受煎熬。更高楼层的阿婆与老伴睡眠不好,被震楼器一闹,因睡眠不好、精神不振摔了两跤,断了五根肋骨。同楼邻居也曾登门沟通、砸门,甚至还报过警、拉过电闸、走过信访、写过联名信,可老王软硬不吃,永远处于"装睡"模式。面对类似邻里之间的纠纷,社区居委会亦有说不出的苦衷。

城市大型项目、民生工程,可解万千民众之忧,而搞定巷陌市井中芝麻绿豆大小的纠纷,更能让百姓拥有幸福感,产生认同感。

在短视频平台上,数以万计的淄博城市治理画面多数取材于基层,源自日常,于细微之处见真章。有人无意中拍到淄博交警将一辆共享电动自行车挪动了一下位置,摆正了方向,于是将视频上传到网上,获得了网友的好评。有人甚是不解:"这种举手之劳的小动作值得兴师动众去赞美吗?是不是小题大做了?"这个疑问很快得到了回应:"你仔细看看,那辆车不仅放歪了,它还挡住了盲道。"网友们恍然大悟,原来警察不只是摆正自行车,还在为盲道清障。

"勿以善小而不为。"社区物业、居委会、城市执法队伍用心做事,邻里关系就会和睦,社区氛围就会和谐,城市文明水平就会提高;反之,家庭、邻里的问题解决不好,人们的不良情绪就会发散到社会上,为城市文明埋下一颗颗变异的黑色种子。

淄博张店区有一支"老伙计调解队",成员都是"爱管闲事"的热心老人,发现邻里矛盾便主动上门调解。他们动员社区里的居民参与文体娱乐活动,大家接触多了,关系也越来越融洽。调解就是"说和"。司法中的调解机制,通俗讲就是根据法律规定和社会公德,以说服教育的方式,协助当事人自愿达成协议,从而解决民商事纠纷和处理轻微刑事案件的一种非诉讼法律制度。这种制度可以缓解对抗性矛盾，也是欧美国家普遍采用的一种治理手段。20世纪60年代，美国面临着诉讼案件数量激增、矛盾激化、诉讼程序一再迟延的困境，美国法院开始积极推进民事司法改革。非诉讼调解的创设和广泛运用，对缓解这种紧张状况起到了积极作用。数十年来，解决美国社会纠纷的主流方式是非诉讼方式，基本上90%以上的民商事案件在法院之外解决。美国已经形成了一整套完善的纠纷解决体系。

强制制度是管理单一职能组织（例如军队）的高效工具。复杂的城市社会单靠强制制度远远不够，过度强调法治的作用，执法不讲情理，会让社会变得冷漠，使人产生焦虑。所以在法律、规定等强制措施之外，还有纠纷调解、警示教育、舆论引导等诸多非强制管理工具。文明水平高的城市，各类社会调节机制通常发挥着巨大的作用。

街头消失的罚单

淄博的游客越来越多，一些硬伤随之暴露出来。有些市民对此表示忧虑："火得太突然了，未必是好事。好马得配好鞍，问题是我们的马鞍子好吗？能匹配上这么多的客人吗？"值得欣慰的是，淄博没有把问题当皮球一样踢回互联网，或者踢一套"假动作"，而是将其视为倒逼城市管理改革的良机，利用它快速提升城市管理水平。

开放是最大的改革。中国（海南）改革发展研究院院长迟福林论及开放与改革的关系时提出："作为新型开放大国，开放牵动影响全局、开放与改革直接融合、开放倒逼改革的时代特征十分突出。"笔者以为，淄博是在借助网络流量打开城门，笑迎八方客，并在游客的提醒和监督下迅速改善软硬件服务能力，即以开放倒逼制度改革。出现问题解决问题，而不是等条件都具备了再干事。淄博管理者继承了"开放倒逼改革"的决策智慧，对游客和网友指出的瑕疵，没有遮遮掩掩，而是迅速采取一系列立竿见影的改革行动，在游客和全国网民的共同见证下自我改善。"世上无难事，只怕有心人。"淄博的确是全国600多个城市中的"有心人"。

面对八方来客，淄博学着老牌旅游城市的样子，张开了真诚、朴实的怀抱。与此同时，城市管理者以包容的姿态鼓励流动摊贩走上街头兜售土特产、小玩偶和工艺品，让他们共享文化旅游市场的红利。为了规范经营，城管执法队伍走上街头，他们的言行举止被游客拍摄下来，在网上广为传播，被誉为"文明执法""柔性执法"的城市教科书——执法者并没有野蛮地驱逐商贩或"一罚了之"。

过去较长一段时间里，不少地方的执法工作奉行"以罚代管"的思路。其益处在于，一方面遏制了违法行为，增加了执法队伍的威慑力，另一方面通过罚没财产增加了地方财政收入，一举两得。举个例子，某农民驾驶三轮车进城卖水果，其水果比社区果蔬便利店的更优惠、比农贸市场的更新鲜，深受市民欢迎。当被执法人员发现后，农民受到处罚。然而第二天他又来了，执法人员又开了罚单。第三天，这位农民换了个位置，和执法人员打起了"游击战"。未曾想，双方你追我赶、不亦乐乎之时，拍案而起的却是社区的果蔬便利店老板，他们强烈要求"在最短时间内清理流动摊贩"。某店主刘师傅道出了其中的真相：农民进城卖水果不用交房租，无须雇用店员，也不用备库存，卖一车赚一车，即使交点罚款也能赚到钱。相比之下，城市果蔬店经营成本就大多了。刘师傅经营着一家约15平方米的水果店，店租每月为3000元，流动开支也要3000多元，但收入很不稳定，一家三口全靠这家店过日子。很显然，"行商"动了"坐商"的奶酪，执法部门坐享其成。这种奇特的"三角关系"逐渐固化，成了剪不断、理还乱的"以罚代管"思路治理下城市执法的怪相。

1994年国家施行分税制政策后，地方财政收入相对不足，公共事务支出逐渐增加。1996年颁布的《中华人民共和国行政处罚法》成为罚没收入法治化、制度化、规范化治理的开端。财政部发布的《罚没财物管理办法》指出："本办法所称罚没财物，是指执法机关依法对自然人、法人和非法人组织作出行政处罚决定，没收、追缴决定或者法院生效裁定、判决取得的罚款、罚金、违法所得、非法财物，没收的保证金、个人财产等，包括现金、有价票证、有价证券、动产、不动产和其他财产权利等。""罚没收入属于政府非税收入，应当按照国库集中收缴管理有关规定，全额上缴国库，纳入一般公共预算管理。"从近些年的地方财政数据来看，一些城市罚没收入增速高于税收收入增速。在经济发达、税源充裕的地区，地方政府对罚没收入的依赖性比较低。反之，在经济欠发达、税源不足的一些地区，地方政府几乎只能用增加罚没收入来抵消一般公共预算支出的压力。个别欠发达地区的交通罚款甚至占到可用财力的三分之一。

罚没收入与人们的日常生活和日常经营息息相关，对地方营商环境影响甚大。近年来，我国对罚没收入乱象进行了很大力度的治理。2021年修订的《中华人民共和国行政处罚法》更是提升了执法"温度"。例如，其中第三十三条第一款规定："初次违法且危害后果轻微并及时改正的，可以不予行政处罚。"第三十三条第二款规定："当事人有证据足以证明没有主观过错的，不予行政处罚。法律、行政法规另有规定的，从其规定。"第三十三条第三款明确"对当事人的违法行为依法不予行政处罚的，行政机关应当对当事人进行教育"。

第四十二条还专门强调，"执法人员应当文明执法，尊重和保护当事人合法权益"。对于不文明的执法行为，当事人可以依据第七十五条规定，向上级机关或司法行政部门申诉或者检举，有关机关要及时制止和纠正，依法追究其责任。我们看到淄博城管、市场监管的执法工作更人性化了，罚单也少了，其实背后是强大的制度改革在支撑。"为罚而罚"的创收式罚没理念违背了人民意愿，定然不能长久。

"为罚而罚"不可取，"柔性执法"也值得商榷。法之所以是法，就是要无差别执行的，何谈柔性呢？众人所理解的"柔性执法"，可能就是执法者的态度好点，或者像印度警察管小贩一样，视而不见。然而，大量对抗城管执法、交通执法、市场执法的场面告诉我们，执法者态度温和，违法者却愈发强词夺理，执法工作遇到了新的难题。甚至有些错误的网络舆论引导，助长了违法者的"底气"。在弱势执法条件下强调"柔性执法"，就只剩"象征性执法"了。试问，女交警举着喇叭，用网络语言和温柔腔调向违章者喊话，就是执法人员该有的样子吗？"柔性执法"不应责成执法人员改变执法态度，而是要从立法层面做出人性化考量，在政策制定、公共秩序引导方面下功夫，同时要提高市民的文明素养和法治意识。

淄博以和谐的执法打破了人们对城市治理"以罚代管""暴力执法"的传统印象，并引发了人们对一个新问题的思考：地方行政处罚的合法性何在？根据《中华人民共和国行政处罚法》，"尚未制定法律、法规的，地方政府规章对违反行政管理秩序的行为，可以设定警告、通报批评或者一定数额罚款的行政处罚。罚款的限额由省、自治区、直辖市人民代表大会常务委员会规定"。然而，随着经济社会的发展，新变化、新情况纷纷涌现，地方在修改或增设处罚条款时，出于各种考虑对法规草案中与上位法不一致甚至相抵触的情况予以"宽松"对待，以合法的程序颁布"有瑕疵"的法规，其合法性必然饱受质疑。

全民城管

据2023年5月5日《贵州政协报》报道，王先生一行到淄博旅游，由于没有预订，酒店基本客满，住宿成了难题。于是，他在网上发布求助视频。淄博一位大姐马上联系王先生，称自己家里有空闲的房间，已打扫好，可以免费提供给旅客住。王先生将此经历分享到短视频平台，相关新闻迅速登上热搜。有网友表示，淄博火爆绝不仅仅是因为美食，更因为有热情好客的淄博人。

"淄博烧烤已从美食升级为全民荣誉了。本地人周末会减少外出，把公共资源留给游客。"网友说，"淄博像极了一个小学生，在被老师表扬后更加努力地展现自己，真的让人很感动。"政府将办公资源让给游客，商家将闲置资源让游客使用，市民拿出闲暇时间为游客服务，游客还有什么理由不把淄博的美名传给天下人呢？

淄博全民参与城市文明建设和城市荣誉的维护，始于2022年5月起推行的一项名为"全民城管"的工作机制。"全民城管"是提高全国文明城市创建工作成效的系统部署，开展该工作是基于两个方面的考虑：其一，"全民城管"是对城市管理效果的进一步深化；其二，市民参与度越高，对城市的认同感就越深。

淄博"全民城管"的工作形式主要有推行全民城管全域网格管理，推进"门前五包"，推广"撤桶建房+定时投放+桶前监督指导"的垃圾分类投放活动等。"全民城管"模式的推行，提高了参与者的环境卫生自觉性和文明觉悟，也减轻了城管执法队伍的负担。据公开数据，截至2022年11月11日，在"全民城管"制度安排下，通过市民参与平台上报案件19 156件，有效案件立案13 957件；集中打造58个"城市管理进社区"试点，全市（含镇）377个社区设立城管驿站或城管工作室55个，开展社区共建活动521次，开展"城管开放日"活动266场，解决社区群众急难愁盼问题2760件。总之一句话，成效突出。

淄博不是国内最先提出"全民城管"的城市。绍兴于2016年前后就提出了"全民城管"这一概念，其运行机制大概为"利用'城管通'收集事件问题。指挥中心将案件按'属地属事'的原则派遣到相应的责任部门，按指令和时限处理问题"。这看上去不是"全民城管"，而是请全民给智慧城管中心当"情报员"。淄博的"全民城管"工作机制也并非让全民参与真正的城管执法，而是在绍兴模式的基础上增加了创城志愿者的职责。

"全民城管"的核心价值是"重在参与"。在参与式治理的过程中，让市民换位思考，体验城管执法工作之难，进而唤起市民的理解和支持，加深对城管执法的认同感。

参与式治理起源于西方国家，是治理理论与"参与式民主的思想"的结合。参与式治理特别强调"参与"的意义，要求非政府组织和公民个人直接参与社会公共事务的管理过程，发展政府、企业、社会组织及公民各主体间的多元参与、协商和伙伴关系。

美国国际政治学家盖伊·彼得斯在《政府未来的治理模式》一书中提出，"要让政府的功能得到更好的发挥，最好的办法就是鼓励那些一向被排除在决策范围外的成员，使他们有更大的个人和集体参与空间"。

从参与式治理理论视角看，"全民城管"应该通过完善的参与机制，促进社会公众及组织通过多种方式参与城管执法过程，目的在于促进科学执法、文明执法。但问题是，市民并非执法者，哪来的执法权力？至少目前我国尚没有明确的公众作为执法主体参与城管执法的权力、范围、程序等方面的制度依据。

在这一问题上，南京市做出了积极有益的探索。《南京市城市治理条例》较早规定了公众参与城市管理执法的相关机制，包括公众参与的方式、组织机制等。该条例规定，成立由公务委员和公众委员组成的城市治理委员会，由市长担任委员会主任。公务委员不超过委员总数的二分之一，由市、区政府及各部门负责人组成；而公众委员不少于委员总数的二分之一，由专家代表、市民代表、社会组织代表组成，一般是通过定向邀请或由其所属社会团体、所在单位书面推荐，在自愿报名的基础上通过分类摇号产生。城市治理委员会的成立，标志着长期以来的政府单向管理转为政府、公众的双向互动。

据了解，南京城市治理委员会牵头，定期组织市、区、街三级公众委员进行执法观摩。在一次有关占道经营的执法过程中，水果摊摊主暴力抗法，拿水果刀砍伤了执法队员，还大喊"城管打人"。公众委员耐心地向摊主及群众还原事件真相，化解了冲突。这一事件随后被各大媒体报道，取得了良好的传播效果，让公众了解了城管执法的困难和阻碍，更加理解和支持城管的执法工作。2018年10月28日，南京市城管局、南京市政府法制办报送的"南京市城市治理法治化的创新实践"项目荣获"中国法治政府奖"。

同样是全民参与，淄博"全民城管"模式与南京"城治委"模式的区别在于，前者以动员市民履行义务、开展公益活动为形式进行市容市貌建设，其本质是志愿服务实践；后者是市民参与城市管理决策和执法监督，其本质是民主政治实践。

除了市民参与，政府机构、企业参与城市公共事务的深度，也反映出城市的社会治理水平。

前文有述，为了更好地服务于游客，淄博下发文件要求具备开放条件的市直及各区县党政机关事业单位免费向社会开放停车场和厕所，并公布了207家单位的名单及位置。一名到淄博旅游的内蒙古游客在其自媒体账号上分享了他的如厕体会："淄博几乎所有机关单位都允许游客去用卫生间。我特意去几个地方现场体验了一下，发现卫生间还专门设置了引导牌，环境也十分干净，像是随时有人清扫。以前我在其他城市内急时，进某些酒店如厕都谨小慎微，更别说到政府单位了。"

其实，城市免费开放政府机关、企事业单位厕所的措施已经推行多年。广州的共享厕所比淄博的早出现20年。2003年，广州下发《关于公共场所、服务行业内设厕所对外开放的通告》，规定在车站、医院、公园等公共场所和餐饮等服务机构内设置的厕所在营业时间内对外开放。而从2008年1月1日起，广州823座环卫公厕全部实现免费开放。2015年，一些城市在进行旅游星级饭店评定时，将厕所免费向社会开放工作进展情况列入星级评定的复核重点，并以明察与暗访相结合的方式进行检查，对未能执行的旅游星级饭店给予降星甚至是摘星的处罚。惠州城市环卫部门还与银行合作，先后在银行各网点进行试点，引导、鼓励党政机关、企事业单位以及餐厅、超市、加油站、商业服务窗口、宾馆饭店等场所将内部厕所向社会免费开放，实现资源共享。

早在城市公厕收取五角或一块钱"纸巾费"时，一些餐饮连锁品牌就主动开放内部厕所了。它们从来没说过开放，但实际上一直都允许市民借用。就算只如厕不消费，服务员也不会拿起墩布假装拖地，将人赶走。予以内急之人方便，给市民留下良好的品牌印象，比发放一百次广告传单更有效。话说回来，环卫部门设立的公厕收取费用也不是为了赢利。大家想想，在那些寸土寸金的黄金地段，除了政府，哪个商业机构愿意投资厕所？行文至此，我发现了一个问题：淄博要求各机关单位将厕所向社会免费开放，由此增加的清洁工作的开支谁来买单呢？据江西省南昌市公开的信息，针对同样的问题，市政府曾下文件要求市财政局负责按50%的比例保障人流量比较大的四个区沿街的社会单位（包括私营、民营单位）内部厕所免费开放的补贴经费，其他县区由县区财政自行保障。同时，南昌市要求市文明办将各单位公厕免费开放作为申报文明单位的条件，纳入文明单位的考核内容。未曾想，小小的厕所问题一旦跨了部门、跨了辖区，就成了大事情，最终还得由市政府调度。在诉求多样、情况多变的城市治理工作中，金字塔式的权力运行结构不利于形成敏捷高效的政府服务体系，有待进一步变革和完善。

在全民参与城市治理的过程中，如果城市管理者没有公布发展目标，或者提出了模糊、费解、不切实际的目标，抑或行动与目标不一致，就会丧失认同的基础。另外，我们也不能以简单粗暴的"二分法"来描述市民的认同程度。从"不认同"到"认同"有很远的距离。我们可以参考李克特量表，把市民对城市的认同程度分为五个量级：不认同、较不认同、不确定是否认同、较认同、认同。中间这三种情况，往往代表了多数市民的态度。

志愿者行动

2023年4月，一名特殊的游客乘高铁"进淄赶烤"，他就是联合国前副秘书长兼环境规划署前执行主任埃里克·索尔海姆。接受媒体采访时，索尔海姆对中国高铁赞不绝口，并对中国城市发展的成就给予了高度评价。他认为，在淄博爆火的背后，是城市探索未来发展模式的努力。差不多同一时间，热门游戏《愤怒的小鸟》的创始人彼得·韦斯特巴卡也来到淄博，一批游戏迷紧随其后。在高铁上，他练习"撸串"动作，到淄博烧烤摊之后，他现场撸串、包葱、卷饼，用中文称赞"好吃"。紧接着，知名艺人、文化学者、骑行车友们也不舍昼夜地赶赴淄博。霎时间，淄博车站、街道、广场显得十分拥挤。拥挤并非因为人流太大，而是因为淄博容量太小。旅游服务体系不完善、接待能力有限的弊端瞬间暴露出来，淄博只能靠"人海战术"弥补，于是，志愿者大军登场了。

志愿者队伍是文明城市创建的主力军之一。"只要您有需要，我们就在您身边。"这是淄博志愿者对游客们的服务承诺。从淄博北站，到公交车站点、出租车停车场，都有志愿者做导引服务，而且他们还提供手机充电、行李保管、应急包扎等服务。这些志愿者都是谁？他们都是自发的吗？为什么能做到随时在身边？

据公开消息，淄博470万人中有107万名志愿者，每四五个市民中就有一名志愿者，包括知名度较高的蓝天救援队、绿丝带"爱心100"公益车队、城际救援队和麦田公益等专业队伍，还有明理胡同、焦桐花开、高言青语、好周到等志愿服务品牌以及个体工商户、自由职业者和大学生等普通志愿者。

协助做好城市接待，实际上只是志愿者们应急的活儿，城市街道和社区才是他们开展志愿活动的主阵地，包括入户调查、助老服务、调解服务等。接下来我们聊一聊上海的垃圾分类志愿服务。

2019年7月1日，《上海市生活垃圾管理条例》正式实施。这个被评价为"史上最严"的垃圾分类法，究竟能不能让上海向精细化管理更进一步？实践证明，但凡城市开展大规模公益行动，最先站出来的通常是志愿者队伍，上海也不例外。垃圾分类治理行动之初，上海市虹口区嘉兴路街道的部分社区即刻成立了"绿精灵"志愿者队伍，他们每天值守在垃圾桶周围，戴着手套、握着火钳开袋，帮居民检查分类。随后，志愿者们又与居委会联合开展垃圾分类趣味竞赛、拾荒慢跑等活动，并挨家挨户分发垃圾分类宣传画册、冰箱贴，旨在提高居民垃圾分类的意识和参与度。在志愿者的感召下，居民经历了从不理解、不习惯、不适应到积极参与垃圾分类的转变，还参与设计垃圾桶摆放数量和位置、便民洗手池、垃圾回收车绕行路线等。嘉兴路街道是一个缩影。几年来，在上海全体市民的共同参与下，居民文明程度提高了，社区环境更美了，志愿服务队伍也受到了国家领导人的称赞。

我国现代志愿服务活动开始于20世纪六七十年代，如今已发展为社会服务的必要力量。大中专院校是青年志愿者的主要输出地，社区是中老年志愿者的主要输出地。城市志愿者注册数量，取决于市民对城市的认同度以及团委和基层单位的组织能力。对于城市而言，志愿服务的主要贡献是缓解公共服务供需不均的矛盾，尤其是在基层纠纷调解、养老服务、环境保护、济贫助残、应急服务等领域推动公共服务的均等化。根据中国志愿服务网的数据，截至2023年3月5日，我国有2.3亿名实名志愿者、135万支志愿服务队伍、1065万个志愿项目和53亿小时的志愿服务时间。志愿服务工作的主要难题是活动时长偏低、活跃志愿者平均年龄偏大、激励措施多流于形式以及志愿服务的供给与需求存在较大差距等。此外，志愿服务的资金主要依靠政府拨款及企业捐赠，来源单一。有些时候，志愿者甚至成了某些商业机构打着公益旗号招募的"免费劳动力"，他们得到的回报仅仅是一纸荣誉或者一份纪念品。

为了改善志愿者队伍的服务条件，给予他们公平的回报，社会不断呼吁进一步制定志愿者在就业招聘、医疗服务、住房保障等方面享有优先地位的细化措施，同时打破时空壁垒，建立同一志愿者异地志愿服务的积分互认互换机制，推动志愿者用积分兑换其他扶助项目，同时在"时间银行"养老互助服务中允许志愿者将积分赠予家庭成员，提高回馈志愿服务的折现率。

所谓"时间银行"，是指志愿者将参加志愿服务的时间存储起来，自己需要时可以换来别人相同时长的服务的一种互助式志愿服务模式。"时间银行"的概念于1980年前后提出，最初是为了改善欧美国家经济危机带来的失业问题。在经济危机之下，政府鼓励失业者通过自己的劳动来换取相应的服务。该服务以"小时"计量，相同时间的服务可以在自己与他人之间互换。于是，时间便成了虚拟货币，而记录可兑现的时间货币的整套机制，被称作"时间银行"。笔者在淄博调研期间了解到，家住八大局便民市场附近、57岁的市民王新才，通过"时间银行"的形式开展老年志愿服务四年了。在进行老旧小区改造时，老王和他的老朋友自愿加入志愿服务，帮助协调从小区业主到施工方的各方关系。他们的志愿服务按小时计算，以积分的形式储存在自己的账户里，需要时可在"时间银行"换取他人帮助。除了能兑换服务，"时间银行"还可以在社区的"爱心超市"里兑换商品，实现了志愿服务"通存通兑"，打造了志愿服务闭环管理。

然而，这个逻辑清晰、公益属性明显的志愿服务模式，近几年被资本玩家盯上了。他们开发的公益味道很浓的网络平台，实际上是具有非法集资甚至电信诈骗性质的牟利工具。2022年11月17日，银保监会与国家网信办、工业和信息化部、市场监督管理总局联合发布了《关于规范"银行"字样使用有关事项的通知》。官方表示，当下一些并非从事金融业务的机构如果想使用"时间银行""粮食银行"等中的"银行"字样，完全可以用"宝库""仓库"等其他名称替换，那样既满足合规要求，也不影响其正常业务的开展。2022年12月初，浙江等地已经开展了"两山银行"等摘牌和更名工作，整改进展顺利。不过，或许淄博有先见之明，其"时间银行"志愿服务多与银行合作，有银行做背书，不知能否免于摘牌。有反传防骗团队调查发现，一些"时间银行"App于2022年年底出现在互联网上，服务器地址通常设置在境外，操盘手也在境外遥控指挥。甚至传出了"中国时间银行上市计划""或将成为我国养老产业第一流通货币"等虚假消息。2023年4月19日，银保监会发布的《关于"中国时间银行"有关风险的提示》指出："近期我会通过日常监测发现，个别网站发布'中国时间银行上市'等虚假信息，且有名为'时间银行'的移动应用程序（App）以公益养老为名目开展投资活动。"谁承想，贪婪的资本之手无孔不入，不仅伸向慈善募捐、众筹救济，还打着养老志愿服务的幌子，通过"时间银行"平台进行虚假交易，或者以提供服务为名目故意骗取他人财物，给社会治安带来隐患。

"时间银行"本质上是一种互助和共享机制，共享机制可以用于基层社会治理的多种场景。例如，笔者了解到，淄博博山区的一些社区将其养老服务设施"入网共享"，改善了部分地区资源不足而部分地区资源闲置的问题。由于基层采购养老服务设施的财力有限，而附近的专业机构的设施利用率却很低，因此，在自愿互助的原则下将家庭、社区、养老机构、医疗机构等的养老服务设施、设备、空间进行登记和共享，每项设施的权属、使用成本、利用情况等在平台进行实时记录和科学调配，共享者便可选择获得收益或享有等价养老服务。根据老年人照护等级需求、紧急程度，平台在线上调配不同的服务资源、在线下做好服务安排，大幅降低了养老设施建设成本和公共资源空置率。如此一来，政府省钱，群众受益。

第八章　舞好舆论的双刃剑

把流量分发给市民

被流量捧红的淄博，最近开始驱赶蹭流量的"网红"了。八大局便民市场、牧羊村烧烤广场等场所均禁止带货直播、卖唱直播等行为。凭良心说，"网红"大军推广城市景点、召集观光客的本事，普通人是难以企及的。成都宽窄巷子、长沙坡子街、柳州青云菜市、厦门顶澳仔猫街等打卡地，都留下了他们奋力助攻的身影。明明是有了人家的参与，淄博烧烤才火"出圈"的，为何念完经打和尚，转脸又驱逐人家？确切地讲，淄博驱逐的并不是网络红人，而是"网红主义"，包括身穿奇装异服群魔乱舞和直播卖唱等行为以及打着"最正宗网红店"的旗号夸大宣传、搞恶意竞争的不正之风。

在互联网普及之前，电视机曾在很长一段时间里是城市居民娱乐消遣的主渠道和主阵地，然而这样的消遣活动主要集中于晚间和周末，有较大局限性。移动互联网兴起之后，智能手机和短视频平台打破了这一局限。最初几年，短视频常以"利用好你的碎片化时间"为口号亲近网民。所谓"碎片化时间",是指候车等人、茶余饭后之类的闲散时光。而今,"碎片化时间"被重新定义了。人们的一天24小时都被短视频分割成碎片,大家骑车刷视频、照看孩子刷视频、开着会刷视频,甚至参加葬礼也在刷视频消遣。在全民娱乐的氛围中,人们的表现欲和表演欲被激发,田间地头、工厂车间以及教室里的各个群体都坐不住了,"人人争当'网红'"的潮流兴起。

网红主义点燃了全民的创业热情,人们纷纷加入短视频创作的大军。甚至在企业中,适当地培育网络上的公众人物,用时髦的网络语言讲讲官话,比本本分分地干本职工作更容易被关注。"网红"收获了粉丝,影响力越来越大。一年级的小朋友会学着"网红"的腔调称同学为"老铁",大爷大妈们也能脱口而出好几个娱乐播主的昵称。

"道高一尺,魔高一丈。"既然无法阻止和抵抗,不如好好享用"网红"们带来的福利吧。的确,他们捧红一座城市的过程还是值得品味的,例如重庆。

重庆是网红景点集中的城市,较著名的有洪崖洞的吊脚楼、轻轨2号线"楼中站"等。几千年的制盐史,加上长江、嘉陵江、乌江交汇的水运条件,使重庆成为古代盐业重镇。奔涌的江河造就了重庆的建筑秉性,唐代元稹写给白居易的诗《酬乐天得微之诗知通州事因成四首》中就有一句"平地才应一顷馀,阁栏都大似巢居",元稹自注:"巴人多在山坡架木为居,自号阁栏头也。"阁栏就是干栏,也就是吊脚楼,吊脚楼是重庆最具代表性的网红打卡地。重庆建筑因地制宜、依山而建,别具一格,例如重庆轻轨2号线李子坝地铁站建在居民楼中,是游客熟知的网红景点。有别于传统的5A级景区，网红景点更倾向于引导人们发现"不经意的惊喜""惊人的小动作"等，走的是平民化路线，多数不收门票，且没有门槛。

李子坝站是国内第一座与商住楼共建共存的单轨高架车站，位于嘉陵江南畔的李子坝正街39号商住楼6—7层，因"空中轨道穿楼而过"而走红。后来为提升游客体验，重庆还专门在车站对面打造了一个面积约1500平方米的观景平台，于2018年开放。李子坝站周边众多景点如三层马路、二厂、鹅岭公园等日渐火热，它们相互影响，促进了整个区域旅游业的发展。李子坝站基地狭窄、站宅流线复杂，消防疏散、隔声减震、设备转换、边坡处理等都是难题。参与李子坝站方案设计的技术人员表示，并没有想到它会成为网红景点，当时只考虑解决好、平衡好各种技术难题。李子坝站之所以火遍全网，或许是因为它尊重地形条件和技术能力而营造出的"平凡感""真实感"。重庆"楼中站"、吊脚楼以及淄博八大局便民市场这种平凡中闪烁着智慧的光芒、展现出极大趣味性的景点，正是"网红"们趋之若鹜的目标。

重庆不远处的成都，也是全国网红集会之地。

成都经济总量在四川全省占比超过三分之一，人口数量、开放程度、基础设施建设水平不输东部沿海城市。经数千年历史积淀，成都所释放的文化魅力更是令人称奇。淄博因煤而兴，重庆因盐而兴，那偏居西南一隅且交通不便的成都凭什么闻名于世呢？成都长盛不衰的秘密在于它位于平原地区。在很多人的印象中，四川地形地貌复杂多样，高原、盆地、山地、丘陵纵横交错。然而，成都是个例外，它位于四川盆地中的平原区域。西南地区称平原为"坝"，所以成都也叫"川西坝子""盆西坝子"。试想，在崇山峻岭之间有一大片平地，可以造大房子、宽马路，而且战国时期李冰父子主持修建的都江堰还解决了防洪、灌溉、水运和生活的后顾之忧，大家可以在这里吃着火锅唱着歌，这样的地方谁不稀罕呢？所以从古至今，成都平原一直吸引着周边人们来此耕种、经商、安居，渐渐成为富庶的"天府之国"。在"蜀道之难，难于上青天"的自然屏障的保护下，成都长期远离政治斗争和军事征战，历史文化相对完好地保留下来。

成都著名的网红景点之一是宽窄巷子。据说在1948年的城市勘测中，一名理工科男性负责测量街巷宽度，随手将宽一点的巷子标注为"宽巷子"，将窄一点的巷子标注为"窄巷子"，这就是其名称的由来。宽窄巷子处于历史文化保护区域，开发过程涉及保护、拆迁、修缮、重建等复杂问题，且投资金额巨大，周期很长，赢利前景也不明朗，所以从2003年至今，其开发和运营一直由两家城投公司操办。像宽窄巷子这样的网红街巷样本，政府虽然很难从其项目开发中获利，但其解决了大量的就业，活跃了城市消费，带动了所属辖区以及周边商业的繁荣。

说到这里，再唠叨一句：城投公司之于城市发展，厥功至伟。

有关报道显示，2023年"五一"假期，宽窄巷子游客达百万人次，而后起之秀淄博八大局便民市场从气势上超过了宽窄巷子。据公开资料，"五一"假期第一天，八大局便民市场客流量约为19万人，基本是"满负荷运转"。宽窄巷子达到目前的热度，花了十几年时间，花费十数亿元，而淄博八大局便民市场从菜市场变身为网红景点只用了两个月，改造修缮也没花多少钱——景点要想以最低成本迅速提升经济效益，"流量推、'网红'捧"是条捷径。

网络传播视角是多元的，剧情反转是常有的事，而淄博的做法回避了舆论风向大反转的发生概率。淄博走红后，管理者立即把流量分发给全体市民，尤其是个体经营者。我们看到，外地人来吃烧烤，大娘送包子，大姐送酒，大哥送雪糕，隔壁桌的食客还友善地与你拼桌、替你买单，老板家的胖小子给你表演他的招牌动作。淄博操作打动了八方游客，大家还没来得及评头论足，接着又对新一轮操作"看傻了"。网约车免费载客，警察给游客送雨衣，家具市场的床垫也可以供你躺下来休息半晌。所以，游客们总说去淄博不是为了烧烤，而是去品味"世间美好"。

淄博没辜负这波流量，城市与市民、游客、个体经营者、"网红"以及全国网友之间彼此成就。而且，淄博还成就了一首名为《子莫格尼》的彝语歌曲。

"子莫"的彝语发音听似"淄博"，有"吉祥康安"之意。这样的谐音梗使这首歌成为淄博烧烤短视频的背景音乐，在短短两个月内被播放数亿次，一举登上多个音乐平台榜首，成了网络霸榜"神曲"。《子莫格尼》的创作者、演唱者杉和也写了一封《致山东淄博网友们的一封信》："自己创作并演唱的歌曲，在离自己家乡凉山千里之外的一座城市——淄博火了起来，让我欣喜不已……我们都知道淄博烧烤火出了圈，带动了当地的文旅，有周末烧烤高铁专列，有疫情期间淄博请隔离的大学生吃烧烤的感人故事。一首歌曲把我和大家联结在了一起，也将凉山与淄博奇妙地联结在了一起。不同地域需要更多的彼此了解，文明互鉴，共同繁荣，我想音乐或许是其中一种非常好的沟通的桥梁，让相隔千里的人连接在一起，让彼此陌生的人连接在一起，体认生活中、生命里的悲喜。"

"爱屋及乌"是平台算法的一大特征，只要跟淄博相关的都会火，包括一封又一封、平时很多人都懒得读到第二句的"公开信"。还有一边干活一边补觉的大婶，和小摊贩侃大山的城管执法人员，无不成为算法关照的对象。淄博烧烤搭台，饮料、肉制品以及各类与烧烤相关的产品纷纷登台唱戏，赚取了真正的利润。例如，全城大街小巷的烧烤摊上，"烧烤+汽水"成为畅销组合。其中，销量比较好的品牌是大窑汽水。据大窑汽水区域负责人介绍，自淄博爆火以来，该品牌在当地的销量实现翻番增长。进入暑期，海尔团队也参与了淄博游客接待服务，与体育场街道河滨社区在八大局便民市场内建立了"海尔冰箱冰爽驿站"，志愿者和游客们可在空调房内享受到避暑、免费消夏饮品等服务，公益服务与品牌宣传一举两得。经济复苏的关键阶段，把网络流量变现为消费市场增量，是每个城市管理者引首以望的。

网红城市将流量变现为现实消费，让个体经济得实惠，这有别于"为品牌而品牌"的城市创意宣传。我国城市管理者想要的城市品牌是"挂勋章"式的，例如获评全国文明城市、全国园林城市、世界宜居城市、全国百强城市等。拥有这些荣誉的城市，犹如一位久经沙场、胸前挂满勋章的军人，会因每一枚勋章而感到无比荣耀。短视频平台的出现，又给城市品牌的打造增加了另一种可能，即通过流量给城市贴上标签。与"挂勋章"相比，用网络流量"贴标签"虽然含金量低，但它冲击力大，能迅速提高品牌知名度。借助流量塑造城市品牌，必须建立好流量承接机制，否则有流量也很难发挥作用。淄博没有借用流量博得美名、捧红某条街，而是直接让大流量服务于"小个体"。

釜底抽薪,还是火上浇油?

在疫情后的经济复苏时期,城市管理者最担心什么?最担心动机不纯、一味唱衰的舆论导致民心动摇。正所谓,信心比黄金还重要。在正确的舆论引导不及时的情况下,负面舆论往往会占据上风,其煽动者从攻击、讽刺、调侃中获得流量收益。淄博给人的传统印象,一直是个资源型工业城市,污染重、地位轻。如今城市被捧火了,负面评论定会如影随形。鲁迅先生曾于20世纪30年代发表《骂杀与捧杀》一文,将"捧"和"骂"并提,意思是有掌声的地方就会有骂声。好评如潮的淄博,定然也会迎来此起彼伏的负面评论。于是,淄博志愿者们抢占了网络地盘,成为捍卫城市荣誉的网评员,主动展现美的一面、发表正面评论、把跑偏的舆论倾向拽回来。在淄博火遍全国的这段时间里,有没有发生过负面事件?肯定是有的。纪委监委、中级人民法院、人民检察院等均例行通报、曝光、公开过案件,只是知者甚少;银保监部门对辖区金融机构的处罚通报,也未进入大众视野;公安机关推进"齐剑2023"专项行动,截至2023年4月25日,查处"醉驾375起、货车超载899起、涉牌涉证588起"……但瑕不掩瑜,这些"小问题"都被百万名志愿者、遍布全国的淄博籍人士以及遍布全球的中国人的喝彩声淹没了。

此外,网上还流传着一些"善意的假消息",例如一则画面感十足的视频称,"近800辆摩托车大军进淄博吃烧烤,警车开道引导"。"五一"假期之前,多段配有类似文案的视频在网上热传。2023年4月29日,淄博交警部门发表声明,称近期并没有大批摩托车集中来淄博，警车也未曾开道。实际上，网传视频中的画面均来自在浙江苍南举行的机车嘉年华活动。北京某机车俱乐部想满足大家对"摩托车队进淄赶烤"的期待，所以在"五一"假期后组织上演了108辆偏三轮摩托集体进入淄博的盛况。据了解，摩托车队自北京出发，骑行10小时，编队蔓延数公里。看到此情此景，有网友不禁感叹："错峰出行的大玩家来了，'五一'过后才是真正的高端局。"

淄博走红，不仅要感谢支持者，也应尊重提反对意见的质疑者。反方辩手才是真正鞭策我们成长的人。

甲曰："淄博的火爆是突然的，两个月里从无到有。淄博目前现有的条件支撑不起这种量级的火爆。对一个三线工业城市来说，有点强人所难，超出承受能力了。"

乙曰："淄博从来不属于旅游城市，服务业薄弱。对于要求高标准、注重体验度和服务质量的高水平客源，淄博会让他们失望。"

丙曰："火爆的烧烤可能让慕名而来的游客产生落差感，而且就餐环境简陋。"

丁曰："淄博就是一座很普通的三线城市，没有高颜值的地标性建筑，没有精致优雅的新潮创意空间，甚至连餐饮产品也很'朴素'。这让热衷于拍照打卡的游客怎么拍照？淄博能'打卡'的东西相当少。"

细细品之，上述言论并非毫无根据的嘲讽，而是对淄博知根知底有感而发的忠言。淄博的可爱之处恰恰在于，在质疑甚至责难面前，从不回避和解释。它明白，打消别人顾虑的唯一方法，就是立即行动起来把问题解决。淄博采取的行动包括：电力部门及时与各烧烤商户对接，提供用电指导，帮助消除用电安全隐患；公安部门主动增加警力，维持烧烤摊位秩序，以确保治安；市场监管部门加大巡查力度，抽查检验卫生情况，稳定物价。此外，路政部门在八大局便民市场路口连夜维修道路，给游客更好的观感。2023年4月26日，淄博文旅局发文表示，"五一"期间当地客流量已超出接待能力，建议游客错峰出行，避免扎堆，并将游客向周边城市分流。

或许是上述因素的影响，淄博话题的重心从"烧烤"转向了"城市治理"。某位游客在淄博街头花坛边的座椅处发现了志愿者放置的充电插排，志愿者解释说，城市扫码租用的充电宝很多，但如果中老年客人不会使用，可以到这里来充电。朴素的动机、善意的举动，让大家忽略了这些充电插排的简陋的面貌。

我认为，淄博大概率不会因网络热度变成旅游胜地，如今的盛况只是给这座传统的工业城市增添了一道亮丽的风景线。城市管理者也不会因此连升三级，他们只是为疫情后第一个黄金周点了把火，提升了市场繁荣的信心。一位游客有感而发："有人可能会说淄博是在表演，但它提供的关怀和对细节的关注确实非常出色。如果其他城市能像淄博那样'表演'，那么我们都会因此而变得更好。"

上一个"淄博"是柳州

山东人常自嘲"土"，淄博则是山东土味较淡的城市。

山东地头儿多、庄稼多、农村居民多，乡土味天然浓厚。新中国成立初期，山东人口不到5000万，其中90%是农民，而今该地区人口已经过亿，农村人口依然接近半数。由于农业发达，山东各城市都被贴上了农作物标签：烟台苹果莱阳梨，潍坊盛产萝卜皮，乐陵小枣肥城桃，济南大葱济宁蒜。甚至国际化程度颇高的青岛也有压箱底的土特产——马家沟芹菜。土标签一贴上，就像烙了个火印，且不说拼不过"小蛮腰""西子湖"这类雅号，就是和西南的成都、重庆相比，也有点"掉渣渣"。

而淄博土味淡，大致是因为城市化起步早。

淄博组群式的城市格局形成于20世纪60年代，之后基本没变。组群式城市的特征是，各个区块占据着相对独立的空间，并按梅花形结构稀疏分布。组群式格局有利于城市功能的拓展和提升。1986年5月，应联合国人口活动基金组织邀请，淄博参加了联合国在西班牙举行的"人口与城市未来"国际会议。会上，时任副市长王裕民做了题为《淄博——组群式城市的现状与未来》的演讲，淄博由此被业界所熟知。新中国成立后，中央、山东省在淄博设立大量工业企业，例如齐鲁石化、山东铝业等，各地的技术工人陆续被调入淄博定居，使淄博成为一座"移民城市"。长达60余年的城区建设，使淄博的城市属性、空间功能和文化特征更加显著。与淄博相比，多数地级市的城区扩容始于2010年后兴起的"撤县设区（市）"运动，由相邻县城、农村合并而来。

有些市民认为，组群式城市旅游资源分散，整体感不强，难以给游客带来好的观光体验。"淄博五区三县这个南北狭长的布局，从张店到博山有数十公里，没有轨道交通，自驾车得花一个半小时。区县之间遍布大片庄稼地、小村落，游客能有什么好的体验？"这是客观事实，也是淄博这个旅游基础薄弱的城市在文旅资源投资开发方面的硬伤。不过，这些问题并没有挡住人们从世界各地赶往淄博打卡的脚步。

前文提到，联合国前副秘书长兼环境规划署前执行主任索尔海姆吃了淄博的串儿。他说："淄博是一座富有活力的老工业城市。现在它需要迈向未来，我觉得将其打造成中国的'烧烤之都'，是一个不错的方向。"他在社交媒体上发布了吃烧烤的照片，并写道："淄博是中国最火的'烧烤之都'，中国的年轻人都蜂拥而至。我很享受此次淄博之行。"

笔者以为，"烧烤之都"这个概念不太适用于淄博，红火的烧烤之于淄博，更饱含"一枝红杏出墙来"的寓意。这里的"墙"，既指工厂之墙，也是新型工业之"强"。

接下来我们聊聊近几年淄博的工业之强。

2021年，时任淄博市委书记江敦涛对淄博工业经济做出研判："淄博工业起步早，是传统工业大市，但我们这个'大'是传统工业的'大'，是中低端工业的'大'。全市拥有工业产品近三万个，70%以上属于上游产品、初加工产品、中间产品，建陶、化工、钢铁、矿业等产业中存在不少落后产能，不仅效益差、贡献度低，而且挤占了新动能承载的空间。"

江敦涛点明了淄博工业现状及面临的严峻挑战，也激励了地方干部、企业家义无反顾地改革创新，持续推动产业结构转型。实际上，淄博工业近十年来的转型成果是有目共睹的，例如，2021年，全市"四新"经济增加值占生产总值比重达36.26%，"四强"产业增加值占规模以上工业增加值比重达48.9%。独角兽类、瞪羚类、哪吒类企业达到198家，淄博成为全国唯一一个进入五大燃料电池汽车示范城市群的合作城市，规模以上高新技术产业产值占工业比重增长到47.13%。2022年，淄博GDP为4402.6亿元，在山东省排名第7位，在全国城市中排名第64位，有A股上市公司32家，财政自给率为71.41%。淄博深化数字化"千项技改、千企转型"工程，截至2023年7月，市级智慧工厂、智能车间达到472个，累计有484个项目列入省重大、省优选、省双招双引、补短板等省级重点项目。

厚实的工业基础和转型需求也吸引了不少机器人企业在淄博安营扎寨。例如，行业排名居全国前列的遨博机器人公司，于2020年在淄博临淄区齐都镇设立了工厂。有关数据显示，2021年，遨博协作机器人国内市场占有率领先于同业者，2022年产销均超过万台，其2023年的目标是争做全球协作机器人产销冠军。遨博机器人并不是在淄博本土成长的企业。据了解，这家公司由遨博（北京）智能科技股份有限公司控股，作为高端制造项目由淄博在2020年引进。遨博机器人为何投资淄博？很显然，它并不是为了填补淄博机器人企业的空白，而是看好淄博传统工业智能化升级过程中的市场需求。目前该企业在江苏、浙江、上海等制造业聚集的区域均设有厂区。另有消息称，该企业在全国布局，也是为在科创板上市做铺垫。此外，遨博也是获得国家级"制造业单项冠军"的企业之一。

何谓单项冠军？单项冠军指长期专注于某些特定细分产品市场，生产技术或工艺在国际上领先，单项产品市场占有率位居全球或全国前列的企业。为什么要发展单项冠军？本质上是过去"做大做强"的发展理念向"做精做深"理念的转变。从工业发展质量看，截至2022年10月末，国家级制造业单项冠军示范企业中，淄博拥有17家，数量居全国第三、山东省第一。

淄博印发的《淄博市建设制造业"单项冠军之城"若干政策措施》提出，到2025年，要形成以单项冠军为引领、专精特新企业为基础的优质企业梯队，力争建设120家省级以上制造业单项冠军企业或产品，发现并培育65家有潜力成为单项冠军的企业或产品，全市单项冠军企业或产品营业收入要达到1200亿元以上，并聚力打造5个单项冠军产业链、产业集群和5个单项冠军区县，要保持单项冠军数量和质量位于全省前列，努力建成具有全国影响力的制造业"单项冠军之城"。淄博的工业版图似乎比冒着烟的烤串更有料，更值得人们探索、挖掘。但令人啼笑皆非的是，淄博工业转型的成就数年来从未引起强烈反响，竟然是在被吃烤串的游客们、跳舞唱歌的"网红"们扒了出来之后，才让全国人民大开眼界。

淄博爆火之后，不断有人以"下一个'淄博'是XX"的句式高谈阔论。哪座城市会成为下一个"淄博"，实难预测。不过，从城市经济规模、产业结构、网红成因等参数来考察，我们推理上一个"淄博"应该是柳州。

柳州是典型的工业城市。2012年，柳州三次产业增加值占GDP比重分别为7.8%、64.5%和27.2%。可见其工业地位之重，与同期的淄博不分伯仲。早些时候，柳州实施了"百里柳江"规划，将城市所有公园免费开放，将柳州螺蛳粉推向全国。未曾料到，这个西南边陲的工业城市把一碗螺蛳粉做大后，带火了柳州旅游业。2022年，柳州市GDP为3109.09亿元，三次产业增加值占GDP比重分别为9.17%、41.57%和49.26%，服务经济的短板补上了。即便深受新冠疫情的冲击，其服务业仍占据了城市经济的半壁江山。据柳州市统计局统计，2022年柳州螺蛳粉全产业链销售收入为600.7亿元，同比增长19.8%。其中，预包装柳州螺蛳粉销售收入182亿元，同比增长19.6%，年寄递量达到1.1亿件。2023年春节七天假期内，400多万人到柳州打卡，为吃一碗正宗的螺蛳粉，很多人不远千里驱车而来。

柳州与淄博两座工业城市突然被主题小吃带火，遭遇极其相似,而且游客对柳州"零套路小城"的评价和对淄博"政通人和的城市"的评价如出一辙。

淄博不会因一场网红运动改变城市发展的重心,进而高扬旅游业的大旗。不过,做大旅游产业、提高城市经济多样化水平却是个现实命题。老牌工业城市,如重庆、青岛、成都几乎都是旅游经济的收割机,日本著名旅游城市大阪、京都亦是在重工业的底色上绘制而成的。所以说,传统工业城市在文旅领域下功夫、"拔拔高",也未尝不可。

第九章　守住城市底线

政策连续性

不晓得从哪天起，网友们给淄博贴上了"政通人和"这一标签。"政通人和"四个字，最早见于范仲淹的《岳阳楼记》，其以"越明年，政通人和，百废俱兴"赞巴陵郡太守滕子京的丰功伟绩，意思是政治开明，百姓和睦。一个黑龙江的网友突然发出由衷的感叹："到底是一群什么样的领导在管理这座城市？！"此话传达出羡慕之情，也表达了某种无奈。随后，热情的网友们"挖呀挖呀挖"，挖出淄博市委书记马晓磊的履历、照片和一些旧闻，成为新话题的素材。短短几个月，马晓磊的网络知名度迅速攀升。有人甚至不清楚自己城市的书记、市长是谁，却知道淄博有个马晓磊。

正所谓"咬定青山不放松"，淄博今日之表现，定是历届城市管理者坚守一个目标、保持一种调子推动改革的结果。笔者认为，从粗线条的发展历程来看，淄博正在经历第三次城市转型。前两次完成了从高度依赖煤炭资源的矿业城市向重工业城市的转型和从重工业城市向新型工业城市的转型，而今正经历着从新型工业城市向绿色低碳高质量发展的工业城市的转型。转型的每一步都极其艰难，如果有一届班子松懈，就将耽误十几年甚至数十年。近十年来，淄博完成了几次管理者的交替。面对各种复杂问题，政策能一以贯之，这是取得城市发展成就的根本保障。

英国经济学家科林·斯皮克曼认为，西方国家的政策非常不稳定。在这些国家，新一届政府往往会推翻上一届政府的经济政策，画下更大的大饼。一些重要的行业先是被国有化，然后又私有化，接着其中一部分回归国有。税收先是减免，然后又增加。政府的长期规划往往让位于赢得选举所需的短期政治需求。有时组建一个能强有力推行政策的政府是极其困难的，因为没有一个政党能获得绝对多数的选票。令这种情况雪上加霜的是，政府更迭时有发生。而政策连续性是中国取得巨大成就的关键所在。

为了更好地阐明政策连续性问题，我们回顾一下近十年来淄博历届城市管理者在加强环境治理、促进服务业发展、改善营商环境以及吸引人才等方面的情况。

周清利，1954年生，滨州惠民人。2002年12月担任淄博市委副书记、副市长，后升任市长、市委书记，2015年2月离任。他在淄博工作时曾提出，争取到"十二五"末，战略性新兴产业占工业经济的比重提高到50%以上，服务业增加值占GDP的比重提高到45%以上。周清利刚好是在"十二五"的最后一年离任。周清利任淄博市委书记期间，服务业作为这座工业城市转型的抓手被放到了主要位置。"加快发展现代服务业，是推动淄博老工业城市转型升级的重要抓手。""要下大气力优化营商环境，转变政府职能，完善配套设施，加强工作保障，提升服务效能，为现代服务业发展创造良好条件。"

在环境治理方面，淄博已经坚持了数十年的部署。周清利在此基础上提出要"将淄博打造成为一座环境优美的生态文明城市"。当时，淄博市民仍在饱受空气污染和水质污染的煎熬，生态文明只是一种美好的期望。然而就在周清利任期末，淄博的空气和水污染治理取得了显著成效，污水处理的回用率已达到60%。周清利说："以前抽上来的河水跟酱油差不多，现在淄博市一天处理100万吨污水，全部达到1A级标准。"

2015年2月，王浩接替周清利任淄博市委书记。

王浩，1963年10月生，菏泽单县人。王浩对淄博环境治理的态度更为强硬："市委、市政府抓生态环保的决心坚定不移，不能有任何怀疑，更不允许讨价还价。"据了解，淄博大规模开展烧烤"三进"行动，是王浩担任市委书记后部署的。"三进"行动要求马路边的露天烧烤进店、进院、进场经营，还推广使用无烟烧烤炉具，减少烟尘污染。除了"三进"，王浩还推行了简政放权的"三最"，淄博效率正是在此时大大提升的。国务院印发的《2015年推进简政放权放管结合转变政府职能工作方案》提出："以创业创新需求为导向，切实提高公共服务的针对性和实效性，为大众创业、万众创新提供全方位的服务，为人民群众提供公平、可及的服务。"基于这一背景，王浩推动"三最"城市建设，即审批事项最少、审批收费最低、审批效能最高，并配套实施了一系列为企业松绑、服务民生改革的措施。"三最"政策推行期间，市级审批事项共减少247项，减幅65%；规范审批事项涉及的行政事业性收费，审批收费减少28项，减幅60%；逐项压缩审批事项办理时限，办理效率提升了60%。这些举措在当时来看很"冒尖"：政府工作搞得这么"卷"，让兄弟城市情何以堪？但就是这样，淄博敢露头、敢冒尖的风气，渐渐培育起来了。

王浩开启了"淄博速度"，江敦涛又进行了提速，即在初步实现全省"审批事项最少、审批收费最低、审批效能最高"的基础上，让淄博城市服务进一步实现极简、极优、极细、极速、极致。

江敦涛，1969年生，青岛即墨人。2019年7月，他从青岛市崂山区委书记直接升任淄博市委书记，晋升力度之大比较少见。江敦涛上任后表态："坦陈落后，不是否定过去的努力和发展，更不是否定历届班子艰苦奋斗所取得的巨大成绩。爱之深切，则为之谋深远。"

在淄博工作期间，江敦涛建立了"五极"服务模式，即极简服务机制、极优服务平台、极细服务流程、极速服务效率、极致服务质量，叫响"淄博速度""淄博效率""淄博服务"品牌。江敦涛曾对淄博干部队伍讲："企业是种子，营商环境就是土壤。再好的种子，遇到不好的土壤也会干瘪；再差的种子，遇到好的土壤也有可能重造生机。"江敦涛鼓励干部在确保自身清廉的前提下，大胆地为企业"站台"，认为这就是"重商、亲商、安商、富商实实在在的举措"。

马晓磊是江敦涛的继任者。网上称赞马晓磊的声音渐渐平息后，又出现了另一种呼吁——"请马晓磊到我们这里当书记吧！"甚至某抖音博主还开玩笑说，要聘人家去做"山河大学招商办主任"。说实话，此话虽含褒奖之意，但是传到网上还是有可能给人家添麻烦的。捧过头了，会造成伤害。

我们今天谈及的淄博营商环境、行政效率、服务意识等方面的热门话题，都能在数年前找到它的制度起点，而且历届城市管理者都锲而不舍地为之付出了努力。

马晓磊，山东济南人，2018年4月任淄博市委副书记、张店区委书记。2021年1月，他当选淄博市市长，次年任市委书记。关于马晓磊，不做过多介绍。大家看到的淄博画面和听到的美誉，就是他和这届团队工作能力水平的力证。马晓磊担任张店区委书记期间，"淄博烧烤"也登上过网络热搜。2020年淄博举办首届麦田音乐节，有歌手在音乐节现场推荐"淄博烧烤"，吸引了一大波网友慕名前来品尝。2021年，马晓磊任淄博市市长，烧烤推介活动得以延续，知名美食博主相继到淄博打卡、探店，发布短视频，"淄博烧烤"在业界的人气一路水涨船高，"小饼卷烤串"成为淄博的专属标签。同年夏天，美食纪录片《人生一串》第三季将淄博烧烤作为重要拍摄素材，淄博烧烤在烧烤美食谱系中占有了一席之地。

创建全国文明城市的制度安排也有助于城市保持政策连续性。回头看各地创城实践，我们不得不由衷地感叹，它在调节我国城市健康发展方面发挥了全局性的作用。城市在做大经济增量和空间增量的过程中，最大的威胁是包括腐败、污染、失信、安全事故在内的破坏社会文明秩序的现象。所以，全国文明城市创建工作把"廉洁高效的政务环境""公平诚信的市场环境""健康向上的人文环境""安全稳定的社会环境"都写进了评价指标，用考核的指挥棒引导城市向善向好。以时间维度做纵向比较，淄博在创建文明城市的20余年里保持了政策连贯性，且进行了多次优化提升，成果一目了然。所以社会上有人把创城工作视为"一阵风运动"，的确有失公允。

诚信的蝴蝶效应

据司马迁《史记·商君列传》记载，商鞅立木赏金，取信于民，方得变法成功。商鞅将要推行变法之时，他已经构思好了条令，但没有立即颁布，因为担心民众不相信。某日，商鞅在集市南门竖了一根三丈高的木头，称将此木搬至北门可得十金奖励。百姓中未有人响应。商鞅将奖赏提至五十金。这时一个年轻人决定尝试一把，扛着木头来到北门。商鞅果然兑现承诺，赏其五十金。立木为信，重建了朝廷的公信力，商鞅见火候已到，便公布了法令。

此典故阐明了信用在社会治理中的重要价值。人们常说健康是"1"，其他都是后边的"0"。同理，人的信用也是"1"，如果失信于人，"1"变成"0"，后面的数字也就失去意义了。2023年，全国人民对淄博城、淄博人、淄博事的信任度达到了峰值。有了信任，淄博传出任何消息都会受到拥护。例如，某位游客和淄博个体户老板发生了争执，网友们不假思索地批评游客；淄博官媒发布一条消息，网友还没看到具体内容便抬手点赞；见到评论区有人批评淄博，大家不约而同地反驳"每个城市都有瑕疵""莫要眼里不揉沙子"。在信任的驱使下，人们像保护孩子一般庇护着淄博形象。

过去很长一段时间里，扶不扶路边摔倒的老人成了社会很关切的热门话题，相关事件隔三岔五地出现在公众视野中。河南一个老人骑车摔倒，被一个少年搀扶起来并联系家长送往医院，事后老人却坚决不退还少年的家长垫付的医药费，并且表示，要是他们没连带责任，干吗要送她去医院。但交警提供的证据证明，老人摔倒系骑车逆行所致，老人承担此次事故的全部责任。我们发现，"扶不扶"并不是一个简单的道德命题，不扶不代表道德败坏，扶了反而有可能成为过错方。在这样缺乏信任的社会环境中，传统的道德观念失去了约束力。

在信任缺失的社会，诚信显得弥足珍贵。

大概在10年前，扬州大学附属中学的学生徐砺寒，不小心刮擦了路边停放的小汽车，便在原地等待车主。等待许久未等来车主，他留下写有个人联系方式的字条，表明自己愿意赔偿，然后先行离去。车主看到字条后颇为感动，不仅没有让徐砺寒赔偿，还对他诚实守信的行为表达了感谢。一家修车行听闻此事，表态愿意免费为受损车主修车。此事传到四邻、学校，大家都感慨在这个孩子身上看到了现已不常见的高尚品德。没想到这件小事引发了"蝴蝶效应"，演变成一场大型的传播接力，一传十，十传百，百余家媒体对此争相评论。这件事反映出诚信的缺失以及人们对诚信社会的极度渴望。今天我们还在为缺乏诚信付出高昂的精神代价，并且不得不付出高昂的成本，才能维护商业信用、保证工作正常运转。

淄博街头巷尾的诚信之举，再次触动发了蝴蝶效应。令人欣慰的是，其源头可追溯至城市管理者的率先垂范。"不仁而在高位，是播其恶于众也。"意即让缺乏仁爱之心的人居于统治地位，等于把邪恶播散于众。同理，德行优良之人在决策位置上会给整个社会带来益处。所以，城市管理者的道德涵养、诚信禀赋关乎整个社会的道德秩序、文明水平甚至安全稳定。政府率先垂范，带头讲信用，可以促进整个社会形成诚信氛围，所以淄博早先发布的"三封信"才能一呼百应。淄博市精神文明建设委员会办公室在《致全市人民的一封信》中倡议："我们倡议让利于客，坚持诚信守信互信，依法规范经营，杜绝欺诈行为，身体力行弘扬齐文化的开放包容之心、大气谦和之风；我们倡议让路于客，科学规划出行线路，优先选择公共交通，尽量减少扎堆拥堵，让淄博之行路畅心更畅；我们倡议让景于客，合理错峰出游，把更多当地熟悉的景色，留给节假日远道而来的游客，让他们更好感受五彩缤纷的淄博魅力。"短短几行字，谈不上多有文采，但市民集体响应，照做无误。这就是信任的感染力。

试想，如果你的城市也发表这样"一封信"，你会像淄博市民那样义无反顾地支持和践行吗？

有人说淄博的诚信文化得益于优良的传统，是从先秦时期传承下来的。齐国遗风或许有一定影响，但治理社会信用问题，主要还是靠制度建设。例如，淄博将"诚信淄博"建设纳入"一号改革工程""品质提升年"重点任务清单，围绕创建全省社会信用体系和建设典型城市的机会，主动预警提示，避免失信。淄博建立了"谁执法谁普法"工作机制，通过新媒体拓展宣传渠道，引导个体工商户知法守法、诚信自律。尤其在创建全国文明城市工作的影响下，市民开始形成文明自觉和信用自觉。2023年7月，国家发改委办公厅、中国人民银行办公厅联合下发《关于印发第四批社会信用体系建设示范区名单的通知》，淄博市榜上有名，"诚信淄博"的城市品牌越发闪亮。

获此殊荣，与淄博个体经营者们共同建立的"诚实守信"的好口碑有一定关系。"我们已经不再是为了赚钱，而是为淄博的荣誉而战。"烧烤店老板的话虽然听上去有些浮夸，或者说像是格式化的讲话稿，但如果仔细观察你会发现，在淄博爆火时期，淄博人对外发声几乎都是这种风格，句式简单，用词朴素。也正因如此，淄博打动了全国人民。

淄博个体经营者的朴实性格和亲民的物价，也是淄博赢得大家信任的原因。"无奸不商"这四个字其实是人们的误解。自人类第一次用石斧交换羊羔，商业诚信就诞生了，因为交换本就是建立在公平的基础上的。"义为利之先"是中国世代传承的商业道德观念。

不幸的是，投机主义者打破了公平，经商之人渐渐变得钩心斗角和斤斤计较起来。穿梭在淄博大小烧烤广场之间的"黄牛党"即为投机主义者的典型。

过去有倒卖火车票的"黄牛党"，也有在医院代排号的"黄牛党"，未曾想，吃烧烤竟也成就了一批代排号、倒卖号牌的"黄牛党"。淄博网红烧烤店门前人头攒动，排队动辄要花两三个小时，这让一些人看到了商机，催生了代排队的"黄牛"业务。据笔者了解，"黄牛"代排队、倒卖号牌的收费标准，根据各店家的"热度"，收费100—400元不等，节假日代排队最高收费是480元一桌，平日的代排队价格也要120元左右。毋庸置疑，这种现象让多数顾客心里感到不平衡，也抹黑了店家的形象。

于是多家网红烧烤店开展了联合驱逐"黄牛党"的行动，发出严正警告："店内设有监控，只要同一面孔排队超过三天，就会被认定为黄牛。我们会协同公安机关追究相关人员的法律责任。"经营者与顾客通力协作，共同抵制，不久后，"黄牛党"黯然退场。

店家撵走了"黄牛党"，网红博主又借助"公平秤"，让全国人民见识了淄博个体经营者的诚信精神。

秦朝统一度量衡时，李斯按照北斗七星、南斗六星、福禄寿三星组成十六两秤的秤星，由此诞生了十六两一斤的杆秤，一直沿用下来。直到1959年3月22日，国务院全体会议第86次会议原则通过了《科学技术委员会关于统一我国计量制度和进一步开展计量工作的报告》和《统一公制计量单位中文名称方案》，十六两一斤的计量方式才被十两一斤的计量方式取代。之前的半斤，相当于八两。阴差阳错之下，不知从何时起，人们开始将缺斤短两的秤称为"八两秤"。电子秤普及后，八两秤更多指的是商家能随意调节重量的"猫腻"秤。那么，"八两秤"现象归谁管，对其进行行政处罚又有何法律依据呢？此前主要由地方工商行政管理部门按照《中华人民共和国计量法》进行管理和处罚，2018年党政机构改革后，该职能划归市场监督管理部门。《中华人民共和国计量法》第二十七条明确规定："制造、销售、使用以欺骗消费者为目的的计量器具的，没收计量器具和违法所得，处以罚款；情节严重的，并对个人或者单位直接责任人员依照刑法有关规定追究刑事责任。"

抖音平台博主"B太"在淄博八大局便民市场随机选择了10家店铺购买食品，结算时要求用自带的电子秤称重，结果发现家家足斤足两，让网友们见识了淄博诚信经营的经商氛围。对此网友评论："其实足斤足两本是理所应当的事情，大家之所以点这么多赞，发布这么多的好评，是因为大家在其他地方可能被坑过太多次了。"于是，"淄博商家不缺斤短两"的口号就传播开了。话说回来，跨省市来淄博逛八大局的游客多数是对价格不敏感的消费者，对售价高低、秤准不准并不太在意。但此种景象的确让大伙儿瞠目结舌，给淄博这座城市贴上了闪着金光的"小心心"。

大家日常去菜市场买菜，多少会遇到缺斤短两现象，只要不是太过分，一般都不会计较。一是懒得和商贩扯皮，二是即使自己赢了，得到补货或退款，也会浪费口舌和时间。不过也有例外。2016年3月28日晚间，三亚一名游客打12345热线投诉，称他购买水果时被骗，当场称重为8.38公斤的水果，拿回去一称只有6.83公斤。

他怀疑是水果店主在电子秤上做了手脚。接到投诉后，三亚的旅游警察介入调查。旅游警察假扮游客在该店购物，确定了该店主的违法行为，对水果店主进行了拘留，并对该水果店做出吊销营业执照的行政处罚。为了几十块钱的不义之财，被拘留，还被关了店，真是得不偿失啊。

在三亚，商家欺客、旅游宰客，归旅游警察管。

什么是旅游警察？2015年10月，我国首支旅游警察队伍——三亚市公安局旅游警察支队挂牌成立。三亚在尝试建立旅游巡回法庭的基础上，又探索成立了旅游警察支队，为游客提供更好的安全保障和服务。

2023年7月初，海南重拳治理市场缺斤短两又曝新料：某涉事商户作弊将海鲜称重塑料筐重量计入账单结算，存在缺斤短两的违法经营行为。三亚市执法部门责令该海鲜加工广场将涉事商户清退出场，做出对涉事商户罚款30万元的处罚。三亚市民闻此消息，惊叹不已，称"无良商家把三亚的脸都丢尽了"。

欺客或宰客，客观上有执法部门监管不严、商家恶意竞争、游客价格期待较低等原因，而从主观上来说就是商家缺乏诚信。就目前淄博的氛围来看，公安部门应该还没有设立旅游警察的打算。有人说："淄博烧烤能火，是烧烤背后的诚信吸引人。一个价格亲民、诚信待客的城市，会让所有人都觉得舒坦省心。"

实际上，任何城市都会有失信案例，淄博也不例外。2017年，国家发展改革委发布第二批涉金融严重失信行为人名单，约300个"严重失信市场主体"，淄博有四家企业名列其中，涉及的严重失信行为是内幕交易、泄露内幕信息罪和违法票据承兑、付款和保证罪。不过之后的五年间，未见淄博企业被列入严重失信惩罚范围，说明城市管理者是下了大功夫的。张店区烧烤协会成立后，新当选的会长首先提醒各商家："坚持做到诚信经营，不乱涨价，让不管是外地游客还是本地居民，都可以安全放心地吃上淄博烧烤。"2023年5月，淄博综合信用指数排名位列国家公共信用信息中心第五期"全国261个地级城市信用状况监测排名"第10，继2022年8月的全国第12名再提升两个名次。

一个网友从淄博返回，在其自媒体号上发表了一番感慨："网上有人说淄博凉了，我决定赴现场一探究竟。结果并不是他们说的那样。我对淄博维持数月热度的理解是，淄博靠真诚赢得了信任。"那么，淄博的真诚表现在哪里呢？我认为淄博官方最有代表性的一段话可以加以说明："虽然我们已经全力以赴，但服务供给可能还无法完全满足游客的体验需求……请给我们一点时间，我们会把服务的品质、品位做得更好。"

话语如此恳切，怎能不令人感佩？

说了半天，究竟何谓诚信？诚为动机，信是结果。法治重在治"信"。只要你遵守契约，不损害他人利益，法律不会追究你是出于何种动机。德治重在养诚，要求动机是善良的，以保障结果有信。在社会信用体系建设"一盘棋"制度安排下的失信惩戒措施、诚信文化建设两个关键环节，拉开了城市之间信用治理水平的差距。细节决定成败。淄博将失信惩戒和诚信文化建设融入公共生活的各个细节，将诚信建设活动开展到市场经营、环保行动、交通管理、志愿服务的小角落，形成了浓厚的诚实守信的社会氛围，值得学习借鉴。值得一提的是，2022年年末，国家发展改革委等单位起草了《中华人民共和国社会信用体系建设法（向社会公开征求意见稿）》，明确了政务诚信建设、社会诚信建设、司法公信建设、褒扬诚信与惩戒失信等十一章内容，是我国信用立法上的一个里程碑。

炒不动的房价

信用诚可贵，有爱价更高。"全力打造'一座'最有爱的城市"，是淄博创建全国文明城市的主题。城市的爱表现在什么地方呢？2023年5月下旬，一位女游客开车行驶在路上，内急找公共厕所时，突然发现马路上和公共厕所平行的位置划了临时停车位。本来她担心车停在路边会被贴罚单，未曾想淄博贴心地设置了停车位，于是她随手录制并发布了一分钟的短视频，大赞"城市有爱，周到入微"，网友们对此好评如潮。

公厕旁划出临时停车点也不算新鲜事，其他城市早已施行。例如2019年以来，济南市公安局在全市为出租车司机设立了126处如厕临停点。有趣的是，淄博在公共厕所附近设临时停车位这件事，是一个医生提的建议。淄博市第四人民医院黄其来医生根据其友人停车如厕被贴罚单的尴尬遭遇，撰写了一份《在公共厕所附近设置临时停车位，进一步提升城市形象》的提案并以市政协委员的身份提交至市政协。政协转公安、城管、住建三个部门，予以黄其来答复，并将此建议列入工作计划。交警部门将对满足道路通行安全、车流量小的路段，施划部分临时停车位，允许车辆停放15分钟；城管部门将在公厕区域空间允许的情况下，增设临时停车位；住建部门表示新建项目会合理规划公厕位置，在具备土地使用条件的地段，建设一定数量的停车位。市民建议精准，政府部门响应迅速，于是便有了"城市有爱，周到入微"的一幕。

据社交平台上的一段视频爆料，在淄博张店区公园的一角，体育健身器材旁边立起了两排挂衣架，显然是给晨练的人们挂衣服和水壶用的。如此细心的设计，令人忍不住拍照留念。城市的"爱"无须写到《政府工作报告》中，也不用拍摄成唯美的宣传片，多在这样的细小生活场景中体现就可以了。

如果说暖心的公共设施是有爱的小动作，房价调控则是大爱之举了。

网上一篇文章称，东北吉林的管先生因太喜欢淄博的烟火气，直接在此地买房定居。他买的房子有123平方米，总价为92万多元。管先生表示："买房子也不是因为冲动，而是因为不少朋友在淄博定居多年，而且这里做生意的环境比较好。最近赶上烧烤节，体会到了淄博的热情，觉得淄博投资潜力大，就选择买房定居。"

此事的真实性无从考证，或许仅反映了一部分地产销售机构渴望房市随烧烤一起爆火的心理。

事实上，文旅消费对房产市场的拉动作用不大，尤其是对淄博这样的工业城市。据中国新闻网在2023年"五一"假期过后的一篇报道，从全国情况来看，"相比于旅游市场的火爆，房地产市场显得较为平淡。尽管也有利好的不断叠加，但受访的业内人士还是用'局部偶有惊喜，大部分风平浪静'来形容这个小长假的楼市"。淄博顶多算是"局部偶有惊喜"中的一员。据淄博市公开消息，2023年第一季度，全市新建商品住宅网签面积增至120.6万平方米，同比大增61.9%；商品住宅网签均价每平方米8020元，同比上涨3.1%。易居研究院对1—4月全国50个重点城市新建商品住宅成交面积同比增速进行了排序，发现楼市交易行情表现较好的10个城市为长春、杭州、南宁、惠州、淄博、济南等，同比增速均接近或超过50%，而淄博是三四线城市中表现最亮眼的。

这预示着淄博房市会持续升温吗？恐怕不会。回顾近20年地产经济发展历程可以发现，整个山东省几乎没有过"过激表现"，房价总体表现是"拿不起也放不下"，不温亦不火，因为消费习惯相对保守的山东人很难配合房价炒作者发出的号令。所以，曾经不可一世的炒房团也没看上山东市场，包括淄博这样的老工业城市。

早在2004年，全国房展会在温州举办，吸引了约10万名参观者。展厅内人山人海，5000多平方米的场馆被挤得水泄不通。买房人络绎不绝，签约现场就像农贸市场一般喧闹。最终，房展会成交金额高达十数亿元，人们第一次见识到温州人如何像买菜一样买房子。这一现象迅速引起了全国各地的关注，自此刮起了炒房团的旋风。一些地方政府甚至免费为他们提供包括包机在内的一条龙服务。炒房团到达后，当地房价大都会迎来一轮令人惊叹的上涨。这种现象的背后，是我国独特的商业文化和炒房团对房地产市场的敏锐洞察力。炒房团通过抬房价、吃差价获取利润，而地方政府也通过收取土地出让金获得可观的收益。

炒房团数量众多，购买速度极快，炒作手法也非同一般。通常情况下，他们集中购买几个楼盘，然后将这些房子高价挂牌，营造出房价上涨的氛围。炒房团还订立"同盟条约"，规定不得低价出售，否则立即被踢出炒房团。很快，炒房团向北京进军，各大楼盘迅速出现炒房团排队的身影。2007年，楼市火爆，山西"煤老板"集体进京团购。他们驾驶豪车，购买高档住宅，经常出没于最豪华的楼盘间。"人狠话不多"，低调的煤老板很少引起媒体的注意。

2005年是业界公认的"楼市调控年"。曾经的政策调控并未阻挡炒房团的步伐，他们巧妙地躲过政策利刃，继续在楼市大肆抄底。然而，"国六条"和九部委的"37号文件"一发布，大部分炒房人开始迎来寒冬，只有少部分人默默地在房价更低的二三线城市购买商铺，寻求其他机会。随后，美国爆发次贷危机，炒房被套的人却与开发商一起坚守价格同盟，拒绝降价。然而，此时开发商已经扛不住了，他们一边死扛高昂的房价，一边忍受着资金回笼的巨大压力，资金链岌岌可危。于是万能的炒房团再次出手，摇身一变成了"借贷团"。他们转型为私募基金发起人，向地产商提供贷款或股权投资，并且继续在房地产市场寻找"半拉子"工程和烂尾楼，不再像以前那样小打小闹，而是进行大规模的运作，变得更加专业、庞大和低调。

　　说完炒房者的发迹史，再说回淄博。上文论及，淄博是一个炒房团未能深度染指的城市。并非炒房团没打过淄博的主意，实在是淄博的工业身板跟不上地产玩家的大脑，房价一直处在低位水平。从全国来看，工业城市房价高出本省平均水平的例子并不多。尤其是随着实体经济重返国民经济"C位"，人们再也不会拿真金白银帮着地产商画饼了，因为"房子是用来住的"。

　　比淄博更有气节的是长沙。作为"万亿俱乐部"城市之一，长沙的房价调控水平在全国有口皆碑。长沙的实践证明，通过调控土地财政让房价水平处于合理范围，将使城市在经济上获得更持久、更稳定的收益。长沙与淄博的共性之一是制造业发达。以工程机械产业为例，2022年，长沙工程机械产业集群规模企业总产值为1990亿元，行业资产总额、营业收入、利润总额连续13年居全国第一。在"全球工程机械50强"榜单上，长沙一城占五席，包括三一重工、中联重科等。工业占比高、税收贡献大，城市对土地财政的依赖性就不会太强。在有效的调控下，地产业没有挤压和剥夺其他产业投资和消费的空间，因此长沙固定资产投资、消费增长均高于全国平均水平。有人说，长沙房地产市场调控的主要矛盾不是供需矛盾，而是炒房与反炒房的重大斗争。

土地财政依赖度是近些年冒出来的一个新词，即衡量地方政府在财政上对土地出让金依赖程度高低的指标，或者说是城市当年土地出让金对比当年一般公共预算收入的比值，目前约定俗成的计算公式为：土地财政依赖度=城市土地出让金/城市一般性财政收入×100%。2021年12月，中国房地产数据研究院公布了一组全国主要城市土地财政依赖度的排名。12个城市的财政对土地的依赖度超过100%，分别为温州、昆明、福州、杭州、太原、合肥、武汉、西安、广州、南京、佛山和郑州。排名榜首的是炒房运动的发祥地温州，其土地财政依赖度达到了179%。

数据显示，在深圳的一般性财政收入中，土地出让金的占比非常低。目前看，淄博也是一个土地财政依赖度较低的城市。土地财政依赖度低，无论是出于客观原因还是主观原因，都从一定程度上抑制了本地房价的无序增长。

迁徙赋予人类更多的生存选择。"孟子生有淑质，幼被慈母三迁之教。"孟母通过迁居选择更好的教育资源、促使子女成材的典故，启发了2000多年后的人们。如今，人们围绕"学区""地铁""增值"等关键词展开一轮接一轮的迁移运动，也成就了现代城市房地产交易市场的繁荣。房价水平是一个城市、一个城区的人文写照。不同城市吸引和聚集着不同的产业和人口，特征分明。例如，上海的房价反映了资本市场、全球贸易、总部经济领域人士的诉求，深圳的房价反映了通信产业、科技创业和跨省流动人员的诉求，淄博的房价则展示出"温和""适宜"的中型工业城市的显著特征。没机会参加高等级的土地加杠杆赛事，反而成为淄博提升城市幸福感、增加城市竞争力的筹码。没有因房价被炒火，却被地摊烧烤捧红，淄博的低房价以及淳朴厚道、脚踏实地、不喜欢与资本玩过山车游戏的人文秉性，或许真能吸引一部分青年人才在此创业、定居。

平安不夜城

淄博烧烤最火的几个月，烧烤摊位爆满，人声鼎沸，外地来的客人排不上号，于是"拼桌式交友"流行开来。接受拼桌的人往往如此回应：直接坐吧，算我们请客。拼桌就餐，要有强大的信任为基础。不仅烧烤摊上有拼桌的，淄博还发生过"拼床"的故事。一个女孩曾在视频中讲述了深更半夜的"拼床"经历：她在淄博旅游期间，半夜遇到一个住不上酒店的女子，交流之后她发现和那个女子很有共同语言，于是两人同床合住了一夜。女孩回想起这件事，并不觉得后怕："为啥我们都不害怕被对方下乙醚，割腰子？因为淄博给了每个人安全感和信任感。大家都是为爱而来，就像是奔赴一场朝圣。"这姑娘事情办得挺离奇，话也说得挺诙谐。

烟火之中的淄博，像是一座平安的不夜城，让人们放下戒备，敢于向陌生人流露友善与真情。之所以能够如此，关键在于公安部门的广厦之荫。

2023年4月中旬,网友见识到了淄博警力的"雷霆之势"。某日,一名男子在烧烤摊醉酒闹事,民警接警后用20秒到达现场,用50秒处理完毕。网友们发出"没有比较,就没有伤害"的感叹。淄博的公安部门在背后做了哪些功课呢?2023年3月起,淄博公安部门陆续制定《维护保障全市烧烤市场良好秩序工作方案》《护航烧烤经济发展八项措施》《致广大游客温馨提示》等,对一些细节动作做了极致的量化要求。

负责八大局便民市场片区工作的警察邹方厚说:"我们每天早上6点上岗,一直到晚上11点。整个市场有6个出入口,每个出入口都布有警力和应急预案,确保出现紧急情况能及时疏导人群……求助类事件居多,包括小孩走失、物品遗失,昨天就帮忙找到了七八个小孩。"从警30多年的老李说:"干了这么多年民警,还是第一次见到城市突然涌入这么多人……昨天(2023年4月30日)全所共处理100多起警情,以往也就有二三十起。"相较于八大局便民市场,浅海美食城的治安环境更复杂。2023年4月30日,八大局客流量为20万人左右,执勤警力为252人,处理警情30起;浅海美食城客流量只有4.5万余人,但执勤警力为330人,处理警情18起。

"五一"假期期间,进淄车辆和游客数量达到峰值,淄博公安严管控、护秩序、保全域平安。下面节选大众网一篇报道的内容,让大家了解一下假期内淄博公安部门布下的平安防线:

> 节日期间,全面启动高等级社会面巡防勤务。全市公安机关每天出动巡防警力6800余人,严格落实公安武警联勤武装巡逻四项机制和"1、3、5分钟"快速反应机制,加强和提高

对全市593处规模较大重点地区的巡防力度和巡逻频次，精准落实驻点执勤、秩序维护、巡逻防控、交通管控等措施，切实提高见警率、管事率和现场震慑力、控制力……加强道路交通安全监管。重点加强高速路出口、旅游景区、网红打卡地等人员密集场所周边道路的交通秩序维护和优化调整，增设各类交通标志、安全设施6000余个；发布出行服务信息218条，落实潮汐车道、单向绿波、派车接驳等措施，确保道路畅通。联合相关单位新增、梳理停车泊位1.95万个，有效缓解停车难、停车乱问题。同时，设置交通检查站点506个，严查超速、超载、酒驾醉驾等交通违法行为。

"治政之要在于安民。"安全是城市发展的前提，是人民生活的底线保障。城市人口密集，群体复杂，在熙攘的人群中，将警情处理在可控范围内，大事化小，这已经很了不起了。伴随着平安中国建设的深入推进，人民群众居家更安心、出行更放心、生活更舒心，我国成为世界上最有安全感的国家之一。

"经济学人"智库（EIU）2011年推出安全城市指数（Safe Cities Index，简称SCI），以衡量各城市的安全水平并进行全球排名。在根据SCI评出的2021年全球安全城市中，中国香港位居前十，其基础设施安全指标以93.4的高分单项位居全球第一。上海在基础设施安全、数字安全、人身安全、健康安全和环境安全方面平均得分为67.9，位列第30。北京在基础设施安全、数字安全、人身安全、健康安全和环境安全方面平均得分为63.8，位列第36。与国外评价城市安全的原则不同，受传统文化影响，我国社会在对安全的认知方面特别注重情感诉求。人们认为城市如果令人感到孤独、冷漠或无助，它所谓的"安全意义"便打了折扣。安全不能只停留在人身安全、财产安全和饮食安全层面，也要让人心有所安、心无挂虑。

2023年5月7日傍晚，淄博市民郑女士下班接孩子，路过张店区北西六路和华光路的交叉口，看到路边的户外大屏正在滚动播放着一则寻亲信息，信息显示："梁志辉，男，江西省赣州市于都县人，1993年1月28日生，1995年9月27日在福建厦门湖里区禾山镇枋湖村失踪，失踪时2岁8个月。"寻亲信息里留有联系电话，还有一张梁志辉幼时的照片。郑女士将上述画面拍摄下来，发布在自己的社交账号上，并配文："淄博说到做到，在黄金位置的广告牌上循环播放寻亲信息。愿每一个离家的孩子早点回家，也愿每位寻亲路上的父母，尽快阖家团圆。"郑女士发布的视频引发网友关注，短短一两天被数万网友点赞。

大屏中孩子的父亲叫梁三寿。1995年9月27日晚上，妻子加班未归，梁三寿在家边做晚饭边照看儿子。然而，仅仅几分钟的时间，两岁多的儿子就不见了踪影。夫妻两人自此走上了长达28年的寻子之路。在熙攘的淄博街头，人们经常看到这样的情景：一些中年夫妇，他们就像梁三寿夫妻那样手举寻亲信息牌，大海捞针般寻找自己失散的孩子。他们坚信淄博城市流量大、信心曝光机会多，能让寻亲信息迅速散布全国。梁三寿的一句话，是对赴淄寻亲者内心期盼的写照："最近淄博烧烤比较火，他（儿子）也可能会关注，说不定就能看到我，也能认出小时候的自己。"一位烧烤摊的老板主动帮助扩散寻亲信息，他拿起扩音喇叭对来往游客喊话："每一个帮助转发寻亲信息的人，只要到店里买烤串，统统买一根送一根。"一位市民知道梁三寿无处落脚，专门收拾出自家的房子，邀请他到家里住宿。

一位女游客说："我也是一个妈妈，每次看到这样的视频和宣传，就会心疼。如果丢失孩子的是我，会多么无助。如果有人能施以援手，我会非常感激。"游客、市民和公安部门的善举接力，让寻亲之人心有所安，也让所有人感受到了淄博这座城市的温情。

淄博市民接力帮助游客寻找失散儿童的故事，表面上看是因为人人皆有同理心，背后其实是因为平安的氛围予以人们精神支持。在烧烤摊上与陌生人拼桌，年轻女孩与找不到住所的陌生女子"拼床"，更是平安文化深入人心的完美体现。换作身处其他城市，那个年轻女孩还会有勇气与陌生人"拼床"吗？

第四篇　城市还能做点什么？

高度重视支持个体工商户发展……要积极帮助个体工商户解决租金、税费、社保、融资等方面难题，提供更直接更有效的政策帮扶。

——2020年7月21日，习近平总书记在企业家座谈会上的讲话

县级以上地方人民政府应当结合本行政区域实际情况，根据个体工商户的行业类型、经营规模、经营特点等，对个体工商户实施分型分类培育和精准帮扶……平台经营者应当在入驻条件、服务规则、收费标准等方面，为个体工商户线上经营提供支持，不得利用服务协议、平台规则、数据算法、技术等手段，对平台内个体工商户进行不合理限制、附加不合理条件或者收取不合理费用。

——《促进个体工商户发展条例》第十七、二十五条摘录

第十章　个体经济长尾

微观视角下的个体经济

尽管诸多经济领域的方向盘被大资本、大企业和大平台紧紧把握着，但淄博仍立志做一个"袒护"弱势市场主体的城市。从多年前淄博处置网约车入市事件中，我们就能咀嚼出淄博关爱弱势群体的浓浓的人情味。

2014年，听说网约车业务要落地淄博，出租车司机群体产生了较大抵触情绪，他们担心因此失业，导致家庭经济陷入窘境。一边是代表市场新生力量的共享经济，一边是万余名出租车司机的就业和家庭收入保障，城市管理者该如何科学决策、妥善安排？当年12月，淄博市交通运输局召开新闻发布会，对此前"网约车欲登陆淄博"的传闻予以回应并明确表态：任何私家车、社会车辆等非正规出租车辆，通过任何打车软件从事出租客运均属非法行为，顶风上马将严肃查处，最高可处3万元罚款。淄博由此成为山东省首个叫停网约车业务的城市。对此，不少城市出租车司机集体声援，对淄博叫停网约车业务表示坚决支持。某出租车司机说："我们是交管理费的，如果随便什么人都能跑出租，那不是成了笑话？"

此事件之后，网约车平台也不断优化服务条款，尽力与出租车司机群体达成和解、实现共赢，各城市也开始研究如何引导网约车与出租车互补发展，避免损害双方的利益。2016年11月，山东六个城市发布了城市网约车管理办法征求意见稿，淄博也在此列。六个城市中，青岛网约车的车价最高，淄博对车龄的审查最严，要求车辆应当在淄博市行政区域内注册登记，注册日期未满2年且行驶里程未满3万千米。

网约车成功"上岸"之后，共享单车、共享电动自行车也迫不及待地"下水"了。2017年11月，哈啰共享电动车进入淄博，在张店区投放。据了解，淄博是继东营市之后第二个运营该项目的山东城市。在共享电动车叫停声不断、国家部委也表态"不鼓励发展互联网租赁电动自行车"的2017年，淄博根据什么原则做此选择，成为"吃螃蟹"的城市？据了解，较早引入共享电动车，主要考虑城市减碳压力较大，力求各种低碳出行方式缓解城市交通压力，所以在征求市民意见并在小范围试点运营成熟之后正式推广。随后，淄博市人民政府办公厅下发了《关于规范全市互联网租赁自行车管理的实施意见》，提出"合理布局慢行交通网络和自行车停车设施，将其纳入城市综合交通体系规划，与城市公共交通规划相衔接"。事实证明，这种起始定价"30分钟计费2元"的新型交通工具投放后，迅速得到市民青睐。

从眼下淄博的交通情况来看，共享电动自行车、网约车、出租车以及公交车各司其职，秩序井然地满足着市民、游客多样化出行的需求。

前文我们用较大篇幅，从宏观视角介绍了淄博为个体经营者营造适宜的发展土壤，阐明了个体经济在城市发展中的关键作用。接下来，我们深入个体经济内部，以餐饮业为例，从微观视角分析一下其投资属性和经营规律，旨在为有意深入研究个体经济的朋友提供些许线索。

按照国家标准《国民经济行业分类》，我国对餐饮服务的定义是："通过即时制作加工、商业销售和服务性劳动等，向消费者提供食品和消费场所及设施的服务活动。"而在经济统计和税务征收实践中，以个体工商户为市场主体的餐饮机构披露的经营数据的真实性不容乐观。由于餐饮业无发票收入较多，存在截留营业收入、虚增营业成本、虚列费用开支、编造虚假亏损、编造虚假利润和逃税现象，还有虚假上报统计数据，这些都影响到该行业增加值的统计核算质量。

个体餐饮多为个人消费，不少顾客采用现金结算，给餐饮机构做假账、做两套账等钻空子行为创造了条件。餐饮业最大的支出项为原料采购，食材大都来自农贸市场，水果、蔬菜、水产品等采购以"白条"入账现象较为普遍。财务账面反映出的成本中，只有烟、酒、调料、煤气、电、水等项目以发票入账。有的项目实际的采购费低于正式开具发票的金额，商家会多列成本费用。为了追求短期利益最大化，财务虚列应付工资及福利费、虚增人员以多计成本等现象普遍存在，以此来瞒报利润总额等统计指标。

个体餐饮机构到底能收多少钱？赚多少钱？要摸清其真实的财务状况并不是一件容易的事情。我们先看一下它们的四个特征。

第一，门槛低。餐饮业属于完全竞争市场，只要你兜里有钱，租个门脸儿把证办齐了就能开业。餐饮机构星罗棋布，大到全国连锁的星级饭店，小到政府支持的"早餐工程"，甚至每个村都有饭馆。"企查查"2021年发布的数据显示,全国现存各类餐饮经营主体1100多万家(该数据与有关协会组织发布的情况近似)。过去几十年间,餐饮项目一直是最受进城农民和下岗职工追捧,且最容易上手的创业业态。

第二,功夫细。餐饮业入行容易、上道难。做饭本身就"众口难调",要把每个"上帝"都伺候好就更不容易了。为什么在相同地段、有相同品类的各家餐馆,其经营水平千差万别?这是由老板们有没有投入足够精力、舍不舍得把工夫花在细节上决定的。餐饮从业时间越久,菜品和服务做得越深、越细、越新,越能持久地吸引顾客。所谓"深""细""新",绝非空话。举个例子,火锅刚开始流行时,消费者心目中只有一种火锅。后来市场做大了,分出了川、蒙、京、粤、渝等派系,每个派系里又分出了好几种锅形和涮法,以满足不同消费层次人群的需求,而每个大派系、每个新品类中都会诞生优秀的餐饮大企业。

第三,资产轻。餐饮是个轻资产运营的行当。店面是租的,原料和燃料有人送货上门,无须储备太多库存。餐馆打烊后,除门头上的闪亮的牌匾和后厨的一些炉灶设备及食材,就没什么值钱的资产了。顾客用餐会现结,餐馆支付的食材原料、房租、工资也都要付现款,除了前期的基础投资,后期运营不用借钱。餐饮机构不欠钱,也不许别人欠自己钱,比起那些背负着巨大的债务包袱、靠加杠杆过日子的房企、金融企业,算是活得很"洒脱"了。

第四,现金王。餐饮业素来有"现金王"的美誉。餐饮业现金流动快、毛利率高,几乎没有赊欠(团餐业务除外),一个店面花了多少、收了多少、毛利润是多少,当天就能算出来。也正因如此,它们对金融信贷业务的需求不大。

餐饮机构进入正常经营轨道后，通常有三大类主要成本，分别是原料（包括食材、调味品等）、房租（包括经营场所和员工宿舍、仓库等）和人工，共占总成本的90%以上。对老板而言，要想快速回本，支付每天的原料款、每月的房租和工资并产生一定的盈余，唯一的方法就是让现金快速地流动起来。餐饮机构不怕忙，不怕脏，不怕累，甚至不怕被顾客投诉，怕的就是一个字——闲。哪怕闲一天都难受。假如遇上连续数日的雨雪天，或者监管部门突然要求停业检查，抑或厨师集体请假的情况，客流量直线下降，营收和利润都会大大受损。所以，餐饮业经常掰着手指头算细账，甚至有"开一天赚一天，关一天赔三天"的说法。新冠疫情防控期间反复开店闭店，令老板们心如刀绞。

餐饮入行是低门槛，退市也是低门槛。房子可以退租，设备可以转手给别人，老板不至于血本无归。而且，如果碰上个对路的买家，索要些转让费，或许还能赚点儿。所以，对于某些原本经营情况欠佳的餐饮企业来说，在疫情影响下紧急退市、及时止损，也不是坏事。

需要说明的是，市场监管部门登记的机构属性并不是判断餐饮经营规模的唯一依据。很多中等规模的特色酒楼可能登记的是个体户，有些拉面馆、包子铺可能注册为有限公司。按照我国现有的统计法则，餐饮业个体户以"年营业额200万元"为分界线，分为"限额以上"和"限额以下"，但问题就像前面说的那样，其真实经营数据在账面上并没有如数显示。

疫情期间，餐饮机构规模大小不同，受影响程度也有所不同。大型餐饮企业数量少，但受影响程度大，亟待政府部门出面解决资金和经营问题，及时为其"输血"和纾困。小规模的个体餐饮机构数量多、分布范围广，但受影响程度并不明显，经营水平较好的可以承受几个月的短期财务压力，经营水平差的就直接关门歇业了。对于经营一般但还想继续撑下去的餐饮机构，淄博市商务局等10个部门印发《关于支持全市商铺健康发展若干措施》，安排了政府贴息的纾困贷款以及其他帮扶政策，帮助它们渡过难关。有机构发布数据称，"个体餐饮自然关店率很高，倒闭的餐饮门店中，平均生命周期为508天"。关店率高，是餐饮行业的常态。而在疫情期间，有人发了财，有人关了张。发财和关张，也不全是因为疫情，疫情只是加速了优胜劣汰。那些挺过来的活得更好了，那些倒下的，或许本来就已经没有生命力了。

淄博保护个体从业者的权益，这是值得称赞的做法。然而，这不代表个体经营者在政府的悉心照护下会愈加成熟。相反，通过微观观察，可以进一步看清由自然经济演变而来的个体经济的先天缺陷，例如它的经营水平过度依赖经营者个人的技术能力，它不规范、不透明、不可持续的特征尤为突出。体量小、聚集度低虽然是个体经济抵御市场风险的优势，但同时也是制约它整合、聚集和扩张的障碍。个体经济有其自身独特的运行规律，因此现有的产业经济学、管理学理论很难把准它的脉。

复兴个体经济

新冠疫情期间，社区团购在各地兴起，给居家隔离的居民带来不少方便。社区团购是一种基于熟人关系的卖货模式。与手机下单、配送员上门配送的电商模式不同，社区团购由团长把小区邻居拉进社群，群成员下单购买后到社区店取货。复旦大学教授卢向华在接受采访时曾说："预订模式下，商品是先有确定的信息流再有物流的，通过直连生产基地、大仓配送等模式，中间链路的减少可以有效降低损耗。"不久后，社区团购被互联网巨头盯上了，大有发动社区资源争夺战的势头。它们把手摸进社区个体商店，摸进家庭主妇的菜篮子，想要在这一领域进一步"收割"。然而，2020年12月11日《人民日报》发表评论，拍了拍资本玩家们的肩膀，善意地提醒道：别只惦记着几捆白菜，应在科技创新上有所担当。

如今，资本巨头与个体经营者争利已成常态。从饱受质疑、打压与排挤，到在夹缝中生存，再到被公平对待、受到保护以及被淄博这样的城市宠爱，个体经济这一路可谓饱经坎坷、风雨兼程。每每看到资本之手蠢蠢欲动，将要染指个体经济，我们都应该回望改革开放之初，回望个体经济改革的发源地之一——武汉的汉正街，重新思考个体经济的初心和历史使命。

1979年，时年39岁的郑举选与102位无业街坊冲破计划经济的桎梏，领到了首批小百货个体工商户营业执照，拉开了中国城市商品流通体制的政策大幕。一分钱一根的针，郑举选一年能卖出一亿根；一角钱一粒的打火石，他一年能卖出两吨。从汉口利济路到永宁巷巷口，在长一千多米的老街里，个体商户们就地摆摊，叫卖声、吆喝声此起彼伏。南来北往的顾客用新奇的目光打量着，相互询问着。一传十，十传百，汉正街市场的规模越来越大，声势越来越旺。

然而，一篇题为《汉正街是社会主义吗？》的新闻报道让汉正街成为社会争论的焦点，同时也成为众矢之的。时任武汉市工商局局长的金邦和带着一支十多个人的队伍，在汉正街蹲点调研。他最终得出的结论是：开放市场利多于弊，应当允许存在。时隔不久，中央表态，要鼓励和扶持个体经济适当发展，一切守法的个体劳动者应当受到社会的尊重。

1981年7月7日，《国务院关于城镇非农业个体经济若干政策性规定》指出："对个体经济的任何歧视、乱加干涉或者采取消极态度，都是不利于社会主义经济发展的，都是错误的。"同年，全国个体工商户突破80万户，从业人员超过100万人，三年间增加了6.2倍。

1982年8月26日，《湖北日报》刊发报道，对汉正街的探索给予了肯定。报道分析了汉正街日用小商品市场的特点和发展原因，认为个体户搞日用小商品的批量销售既是实际存在，又是实际需要，为三类日用工业品下乡疏通了渠道，对国营商业起到了拾遗补阙的作用，是流通领域里的一个突破。两天后，《人民日报》发表社论《汉正街小商品市场的经验值得重视》，称赞汉正街搞活了市场，方便了人民生活，扩大了劳动就业，起到了国营和集体商业不可替代的作用，肯定汉正街是中国改革开放的"试验田"和"风向标"。争论声自此戛然而止。同年10月16日，国家工商管理部门正式允许汉正街个体户批量销售国家计划产品，允许厂店挂钩，允许长途贩运，允许价格随行就市。挣脱了思想束缚，汉正街迎来了大发展，一跃成为"买全国、卖全国"的"天下第一街"。

大致从此刻开始，个体经济相继承担起知青返城就业、十余年后的职工下岗再就业、2008年美国次贷危机后的稳定就业以及新冠疫情期间保就业的重任，让亿万国人端稳了饭碗。

个体经济复兴就是社会良治的复兴。目前关于个体经济发展，以互联网空间为界限，大概有两种引导方向，一种是鼓励线上经营转为线下店面经营，另一种是鼓励人们到线上去创业，包括已有线下经营基础的群体。

2023年3月，北京市市场监督管理局率先提出，允许个体网店经营者将网络经营场所变更为实体经营场所，支持个体电商通过变更地址拓展线下经营渠道，支持个体电商采用"一照多址"方式记载多经营场所信息，支持个体电商通过"个转企"方式实现向现代企业制度转换。

在引导线上商户到线下开店之前，国家也曾鼓励线下的个体工商户和自由职业者去线上经营。2020年7月，国家发展改革委联合多个部门发布《关于支持新业态新模式健康发展 激活消费市场带动扩大就业的意见》。这份文件的大意是，支持微商电商、网络直播等多样化的自主就业、分时就业，鼓励"副业创新"，引导"宅经济"合理发展，探索多点执业，支持建立灵活就业、"共享用工"服务平台，提供线上职业培训、灵活就业供需对接等就业服务。该文件还提出了"可使用网络经营场所登记个体工商户"。

其实线上、线下之间的转换，是给个体经营者增加了一个创收途径，即便没有政策引导，这种现象也一直存在。个体经营者特别要提防的是，莫掉进无良平台的陷阱，成为资本的收割对象。

《个人经济体》一书提出，个人经济体既不同于个体经济，也不同于企业。"个人经济自古就有，而个人能够成为'经济体'则是在现代社会，经由全球化、信息化、服务化、IP化、社交化、平台化等的助力之后，形成的一种新经济与新文化现象。"《单元合伙》的作者刘少华、李自冬认为："个人经济体就是自己雇用自己、自己支配时间、自己负责盈利和承担亏损的经济组织。"该书作者的观点是，未来社会经济的基本单位不再是企业，而是个人经济体。科技为个人赋能，"个人经济体"快速崛起，成为互联网时代的象征。每个人都可以用极低的边际成本去链接所需的社会生产资源，从全产业链的角度去组织生产和经营，让自己成为"个人经济体"。国家发展改革委原副秘书长、著名经济学家范恒山评价《个人经济体》一书时也阐述了相似的观点："个人经济体这种基于科技成就与组织模式创新的经济形态，为创业者提供了十分优厚的社会红利。对典型案例的剖析及成功经验的总结，不仅有利于转换社会就业观念，也能为这种经济形态的拓展、支托、规范和管理提供有益参考。"笔者认为，"个人经济体"这一提法，更像是对当下互联网平台组织与个人之间的关系所做的总结。

对于个体经营者来说，流行什么理论、提出什么新概念真不重要，他们关心的不是理论，不是资本增值，而是生计。个体经营者对现有的政策已经很知足了，他们追求的是自食其力换来的幸福生活。所以，在国家予以政策优待的基础上，城市管理者该做的，是创造公平竞争的市场环境，提供必要的风险防范引导，剩下的交给市场即可。

个体经济具有小农经济的基因，自然属性很强。个体经营者多数是"生存型创业"，不是机会型创业；也就是说，他们通过自我雇佣来生存，自谋出路，不具有创造就业机会的功能。

淄博八大局便民市场附近的一家熟食店老板娘，每天备好两大锅熟食，下午三四点钟卖完就关门谢客，理由是"得去接孩子放学"。生意是生计，生活是出路。日复一日、年复一年，个体经营者就像《西游记》主题曲唱的那样："迎来日出，送走晚霞。踏平坎坷成大道，斗罢艰险又出发，又出发……"

多样性红利

据笔者观察，无论是规模庞大的工业经济，还是规模较小的个体经济，淄博基本能给予一视同仁的尊重。然而，不少人为此担忧，认为淄博花大力气培育烧烤特色消费、力挺个体经济，是舍本逐末，捡了芝麻丢了西瓜，得不偿失。"淄博不好好搞工业，浪费精力去做旅游宣传，简直是本末倒置。""旅游不是一碗好饭，尤其是廉价旅游，对GDP拉动有限，还严重拖累公共服务。我说淄博烧烤现在就属于廉价旅游，应该没有争议。杭州搞几十年旅游，不如孵化一个阿里巴巴、养大一个吉利有用。"

那么，一座城市该不该偏执于发展高科技产业和能产生高附加值的经济，放弃市场上大量的"小配角"以及那些看似无足轻重的"群众演员"（个体经济）呢？

意大利经济学家、社会学家维尔弗雷多·帕累托曾提出关于社会财富分配的研究结论：在这个世界上，20%的人口掌握了80%的社会财富。这就是著名的"二八定律"，又称"帕累托法则"。以此定律分析城市市场主体对经济增加值的贡献，也能得出相似的结论，例如，20%的市场主体创造了80%的经济增加值。然而有人发现，"二八定律"在分析复杂问题时存在明显的局限性。例如在推导"20%的大规模市场主体创造了80%的经济增加值"时常常忽略成本问题，这20%的市场主体占有和消耗的社会资源通常是巨大的，甚至超过了它的经济贡献。它还常忽略质量问题，即80%的经济增加值可能存在较大的缺陷。

长尾理论的出现向"二八定律"提出了挑战。"长尾"这一概念,最初出自美国《连线》杂志主编克里斯·安德森的文章。他提出,商业和文化的未来不在于热门产品,也不在于传统需求曲线的头部,而在于需求曲线中那条无穷长的尾巴。将所有非主流的市场累加起来,就会形成一个比主流市场还大的市场。城市应更多地重视个体经济的长尾效应。正如目前的淄博,烧烤带火的个体餐饮创造的税收价值甚微,但它能够持续稳定地释放连续效益。

长尾理论能让人们更加客观冷静地认知到城市发展规律。根据长尾理论测算,淄博占比 80% 的中小规模市场主体(包括小微企业和个体工商户)形成的长尾不仅贡献了 60% 以上的就业,还贡献了三分之一以上的消费零售总额。人们似乎还未意识到,淄博烧烤的长尾不仅让个体经营者持续受益,还以品牌效应为工业经济赢得了人才、资本和贸易伙伴的注意。

个体经济单体规模虽小,但涉及的领域广泛、业态各异、总体规模巨大,是经济多样性发展模式的缩影。城市个体经济之间通过互补、协同以及优胜劣汰,建立起多样性的经济生态体系。

2020 年 12 月 16 日,联合国教科文组织通过决议,将新加坡的"小贩文化"列入人类非物质文化遗产代表名录。新加坡的小贩文化最早起源于中国晚清时期移民华人中的卖货郎。当时,沿街叫卖是底层人民群众谋求生计的重要方式。为了保持市容的整洁和管理街头无牌照卖熟食的小贩,新加坡政府建设了小贩中心,并通过立法禁止在街头露天摆摊和卖艺。所有的街头小商贩都必须到小贩中心领取执照经营。小贩中心由国家环境局和建屋发展局共同管理,售卖的食品物美价廉、种类繁多,以东南亚熟食和饮品为主。虽然新加坡许多现代化的购物中心内早已建成了美食广场,较室外的小贩中心更为干净舒适,但是小贩中心仍然人头攒动,食客络绎不绝,已成为新加坡人生活的一部分。

小贩文化保持着顽强的生命力,成为新加坡多元经济中最具特色的一部分。新加坡总理李显龙对数代小贩经营者表达了感谢,称赞他们"满足国人口腹之乐,丰润国家精神滋养"。在新加坡,从政要、富豪到普通百姓,都是小贩中心的常客。值得肯定的是,新加坡政府关注小贩中心的可持续运营情况,推出了"小贩培训计划",为有意传承小贩文化的年轻人提供食品制作、餐饮安全和商业知识等方面的培训,鼓励他们使用社交软件和提供外卖服务。时任新加坡总统哈莉玛·雅各布发表声明称,小贩文化是新加坡饮食传统的一大特色,它不仅塑造了新加坡人的身份认同,更为国家文化多样性做出了贡献。

今天,我们在淄博看到了新加坡培育小贩文化的影子,也看到了经济多样性给城市带来的文化活力和隐性动力。美国学者斯科特·佩奇在《多样性红利》一书中分享了他的研究结论,即解决复杂性问题时,团队的成就往往取决于团队成员的多样性,特别是知识结构与认知层面的多样性,而这种多样性如果配合得当,可以带来远远超过"1+1=2"的效益。这部分超出的效益被他称为"多样性红利"。我们亦可将其理解为"三个臭皮匠,顶个诸葛亮"。三个臭皮匠的个人能力都不强,但是他们组合起来形成了多样性效应,所以表现出的群体能力超出了他们三个人的能力之和。与多样性对立的是单一性。过去不少城市选择单一的经济结构布局,一般是立足于其资源禀赋形成的比较优势。然而一旦遭遇经济下行,城市就陷入被动局面。各城市都应探索多样性经济体系,避免因单一产业统领全局而陷入被动。

我们正处在一个多样性的世界中。习近平总书记指出,"多样性是世界的基本特征，也是人类文明的魅力所在"。①多样性包含了专一性，是专一性的组合与叠加，是多样化了的专一性。在连锁商超迅猛发展和果蔬便利店遍地开花的今天，为什么集贸市场不仅没有消失，反而越来越红火？因为集货市场上的商品种类繁多，能吸引人流，促成交易。集贸市场内部的商户则需要保持专一性，例如，某家十年如一日做烧饼的摊贩是最受欢迎的，而一家"啥都经营"的杂货铺门可罗雀。庞大和复杂的组织，例如一个跨国企业，需要建立多样性的发展模式，以保持平衡和降低风险。细分化、专业化的小型组织，例如一个小微企业，则需要形成专一性的发展模式，降低成本和提升效率。

总而言之，各类市场主体规模各异、分工不同，只有共存，才能培育出生机勃勃的城市经济生态。

纽约市前市长迈克尔·布隆伯格曾否决了市议会的《人行道摊位修正法案》。他的解释是，纽约市应该更有效地利用本市原有的资源，提高人民生活品质，而施行《人行道摊位修正法案》恰恰会浪费本市很有价值的资源。②布隆伯格的态度大受纽约市超市从业者的支持，因为一旦市议会通过了此项法案，将直接影响全市2000多个蔬菜水果零售商店、超级市场和花店的正常经营，扼杀移民社区的经济发展和新移民小生意从业者的生存权利。

个体经济有特定的发展规律，不能揠苗助长。过去一些人士在分析个体工商户占比高但总体规模小的行业（例如餐饮、便利店、

---

① 习近平：《同舟共济克时艰，命运与共创未来——在博鳌亚洲论坛2021年年会开幕式上的视频主旨演讲》，摘自《人民日报》，2021年4月21日。
② 《纽约市长的"城市资源观"》，摘自《领导文萃》，2007年9月。

宠物服务）时，经常把"聚集度不够""小而散""品牌价值不高"等词句挂在嘴边，似乎不做大做强和向高端发展，就成了丢人的事。这显然是一种不科学的导向。个体经营者并非不想做大做强，而是其经营属性是保障性的。针对市场上"大资本"与"小个体"掰手腕的问题，我们应遏制打着"行业整合"幌子的资本圈地游戏，要引导资本健康发展，同时也应该有节制、有节奏地发展连锁业，给工商户留出空间。我们应该感谢淄博给全国城市提了个醒，个体经济"秤砣虽小压千斤"，对其不可掉以轻心。而且《促进个体工商户发展条例》第九条也做了要求："县级以上地方人民政府应当将促进个体工商户发展纳入本级国民经济和社会发展规划，结合本行政区域个体工商户发展情况制定具体措施并组织实施，为个体工商户发展提供支持。"

站在沙县的肩膀上看世界

"淄博烧烤"四个字，被人恶意抢注了商标。

据国家知识产权局商标局官网及"天眼查"显示的信息，"淄博烧烤"被多家公司及个人申请注册商标，申请时间多数为2023年3月中旬，申请分类涉及方便食品、广告销售、餐饮住宿等。

见此情形，淄博以市政府名义向国家知识产权局商标局发函申请"淄博烧烤"注册事宜。这份公函被发布到网上，引发热切讨论。人们议论的重点是，注册商标对淄博数千家烧烤店来说是利是弊？是否会演变成协会向个体经营者收取入场费的商业游戏？

大家的担忧并非空穴来风。

"潼关肉夹馍"是陕西潼关肉夹馍协会注册的地理标识商标，

其性质为"集体商标",带有公益属性。据2021年11月有关报道,潼关肉夹馍协会将该商标授权某公司运营,试图通过收取不菲费用进行加盟授权,数十家小吃店因卖的肉夹馍带"潼关"二字,被陕西潼关肉夹馍协会起诉,要赔偿3万至5万元不等。而想要继续使用"潼关肉夹馍"这个商标,须缴纳99 800元。有商户认为,他们做个小生意,经营多年却莫名被告侵权,很无辜,所以他们并不认可潼关肉夹馍协会的起诉。"好多(对方的)律师来给俺们打电话,刚开始说是五万,最后调解到一万八,又打电话说一万二,还打电话说八千,最后上个礼拜四给我打电话说五千,他这样一个个调价,我认为他目的不是为了维权,目的就是为了敛财。"根据企查查信息,潼关肉夹馍这个主题共涉及396起法律诉讼,其中28起已立案,355起已发布开庭公告。大部分诉讼为潼关肉夹馍协会起诉商家侵犯商标权。这些被告商家来自全国各地,包括天津、内蒙古、湖北、福建等多个省、自治区和直辖市。对此,《人民日报》发表评论:"仅想通过起诉索要赔偿、收费发展会员,短期内或许能起到震慑作用,但从长远考虑,不利于地方品牌在全国范围打响知名度。"

与潼关肉夹馍商标争端案例形成鲜明对比的,是遍布大街小巷的沙县小吃。沙县小吃在商标使用上甚是规范,食品种类与定价、门店经营等也显得整齐划一。

20世纪90年代初,福建沙县的小吃店凭借"一元进店,两元吃饱,五元吃好"的定位,培育起独特的生存能力。当时很难找到比沙县小吃更便宜的店。沙县小吃一般开在社区附近,客源十分稳定。随后,沙县政府探索启动沙县小吃产业转型升级,实行总公司、子公司、终端店"三位一体"的运作模式,提出"统一商标、统一技艺、统一形象"的会员制思路。县政府为此成立沙县小吃培训中心，免费为创业者提供开店指导以及经营管理和制作技艺培训。2008年，沙县小吃集团成立，县政府也成立沙县小吃业发展领导小组，设立业主维权办公室，协调解决外出开店的难题，设立商标品牌维权办公室，负责管理统一商标，避免低端无序竞争。沙县的品牌管理经验是值得淄博等城市学习的。

地方特色小吃的成功推广，有效带动了文化、旅游、农业、餐饮业和食品加工业的发展。近些年来，有近6万沙县人外出经营小吃行业，带动了30万人的就业，年营业额超500亿元。采用夫妻店模式的沙县小吃还带火了文化和旅游业。2019年，沙县旅游收入达54.8亿元。习近平总书记在福建考察时详细了解了沙县小吃的发展现状和前景，指出："沙县人走南闯北，把沙县小吃打造成了富民特色产业。乡村要振兴，因地制宜选择富民产业是关键。要抓住机遇、开阔眼界，适应市场需求，继续探索创新，在创造美好生活新征程上再领风骚。"①

相比于沙县小吃"家庭输出"式的开店创业模式，青海的化隆牛肉拉面采用的则是少数民族"家族输出"式的创业模式。化隆回族自治县位于青海省东部，是一个以回族为主体的多民族聚居县，在沙县小吃走向全国之际，化隆人也走上了"进京津、下江南"开牛肉拉面馆的创业之路。经过30多年的艰辛探索，一碗面拉成了一条产业链。据《青海日报》报道，截至2022年3月，化隆拉面店已

---

① 《习近平在福建考察时强调：在服务和融入新发展格局上展现更大作为 奋力谱写全面建设社会主义现代化国家福建篇章》，摘自《人民日报》，2021年3月26日。

开1.8万家，遍及全国27个省、4个直辖市、1696个县区和11个国家，11万人"拉"回130亿元。

随着"拉面经济"日渐壮大，化隆邻近的循化、民和、平安等地的群众也走上了外出创业之路。2019年4月，青海省颁布《支持青海拉面产业高质量发展若干措施》，进一步鼓励劳动者开办拉面店或从事相关物流配送、原辅料生产等行业，并且按规定对在省内、省外依法登记注册的青海省户籍创业者兑现补贴政策。作为青海特色产业，拉面经营让不少贫困人口走上了致富之路。据了解，化隆县累计脱贫的13万人中，有9万人从事拉面餐饮。

过去的餐饮业主打菜品丰富，"南北大菜""各地风味"，花样越多越受欢迎。随后又流行过"特色类型""细分定位"的连锁形式。而现在时兴"单一细分"，靠一道菜开出数百家分店的"黄焖鸡"就是单一菜品定位的餐馆。2014年左右，在济南、南京、杭州、郑州等许多城市，黄焖鸡米饭一夜走红。由于制作简单、技术门槛低，加之黄焖鸡本身就是济南当地饭店的一道名菜，济南的街头很快便出现了多家黄焖鸡米饭餐馆。黄焖鸡米饭走的是招商加盟、全国扩张的路子。于是，从济南到南京、杭州、郑州、北京，黄焖鸡米饭开遍大江南北。据2017年的一篇报道，杭州市区的一家黄焖鸡米饭小店，每天中午生意火爆，顾客排队的时间在15—20分钟。店内所售的品类都是一份菜加上一份饭，价格为15—25元，这个门面小、单价不高的店每个月却很赚钱。"一份黄焖鸡米饭的利润在7块钱左右，而且制作简单，很容易学。"据知情人士透露，只要花半天时间，就能学会黄焖鸡米饭的制作方法，"其实用的材料都一样，就是调料使用上有区别。"知情人士算了一下账，"扣除房租、人员工资和食材等成本，一个月的纯利润在10万元左右。"知情人士还表示，如果地址选得再好一点，收入可能还不止这个数。

作为城市经济中一个微小的单元，个体经营者能在市场中找到生存空间、自给自足，服务城市消费市场，就是对城市最大的贡献。

2023年4月20日，《浙江日报》发表文章称，4月17日晚上10点，位于杭州市钱塘区的淄博文林烧烤店门口依然排着长队。文林烧烤总部在淄博，开店已有20多年，杭州是它走出山东、开设直营店的第一站。2023年春节后，杭州店正式营业，吸引了不少食客专程从上海、江苏赶来。在北京，位于大钟寺附近、名为"淄博烧烤"的小店2023年"五一"前后也非常火爆，每天下午三点多顾客就已经在店外排队，甚至排到了人行道上。清一色的简易矮脚小方桌配小马扎，桌子的间距都很小，整体看上去，小店内部正是按照山东风格布置的。据说这家店刚开业时，顾客寥寥无几，淄博烧烤火起来后，进店就餐就开始需要排队了，营业额达到了刚开业时的三倍多。差不多同一时间，在北京有12家分店的"乐趣小炉子烧烤"上线"淄博烧烤灵魂伴侣套餐"，将印有"淄博烧烤"字样的海报摆在显眼处。售价8.8元的套餐包括六张小饼、一份小葱、一份蒜蓉辣酱和一份干调料。上线20天，该套餐便在美团售出4000多份。据统计，截至2023年5月8日，在进驻美团平台的商户中，山东地区以外的"淄博烧烤"店铺增长30%。

淄博把"淄博烧烤"商标申报材料递到国家商标局，反馈尚需时日。期待不久之后，淄博便可发布这个由数百亿流量培育出来的美食品牌。巧合的是，黑龙江省餐饮烹饪行业协会也发布了《齐齐哈尔烧烤蘸料》（T/HCYP002-2023）团体标准，实施时间为2023年5月22日。烧烤行业暗流涌动，"串都"宝座争夺战一触即发，大家不如搬个马扎，坐看谁能笑到最后吧。

烤串真的拉低了淄博城市的品位吗？烧烤作为一个文化标签，其实并不干扰城市本身的高技术、新工业定位，亦不可能拉低其品位。烧烤不代表一个城市的全部。举例说，人们未曾到达瑞士，也知其手表与军刀，可瑞士只有手表和军刀吗？未曾去过日本奈良的游客，也晓得那里有满街跑的小鹿，可奈良只有小鹿吗？手表、军刀、小鹿，这些标签是人类认识不同城市的一条捷径，是用形象化图案给城市加的一个注脚。

　　不少城市管理者过于关注经济运行调度、重大项目招引事项，无暇顾及体量轻、贡献小的文化载体，甚至将工业化思路强加于文化项目、个体经济之上。人们经常诟病城市缺乏"文化活力"，原因就在于此。烤串、刀具、小动物不能表达一座城市的全部内涵，但它们作为独特的文化符号，能让人们对城市产生瞬时记忆并形成持久印象。

第十一章　触发式变革

决心是变革的基石

常有人说，鸡蛋从外向内打破是食物，从内向外打破是生命。然而现实情况是，成功的改革大多数是从外向内打破的。外力更容易触发、推动彻底的变革。习近平总书记指出："改革是由问题倒逼而产生，又在不断解决问题中得以深化。"[①] 时任中央社会主义学院党组书记叶小文在《人民日报》刊发评论文章《改革是由问题倒逼而产生的》。他认为，凡一国、一民族之改革，乃大势要改，人心思改，不能不改，是"置之死地而后生"逼出来的。

举个具体的例子。前文有述，在上海颁布"史上最严"的垃圾分类法之后，志愿者群体带动社区居民一改陋习、主动参与环保治理，颇见成效。那么，上海2400多万居民真的能在志愿者循循善诱的精神感化中下好垃圾分类这盘"大棋"吗？

---

① 习近平：《关于〈中共中央关于全面深化改革若干重大问题的决定〉的说明》，摘自《人民日报》，2013年11月16日。

据央视《新闻调查》栏目报道，实施垃圾分类之初，上海市徐汇区虹梅街道最大的生活社区华悦家园每天共有300个垃圾桶轮流运转，28名保洁员不停清运，加上64名志愿者早晚两次、每天六小时轮流在垃圾桶边值守，才勉强保障了前端垃圾的纯净度。即便如此，在虹梅街道就垃圾分类对辖区内22个小区进行的考评中，华悦家园在半年里一直是倒数第一。与华悦家园距离不远的惠工新村却呈现出另一番景象。惠工新村是虹梅街道户数最少的社区，居民80%是老年人，小区内仅有一处垃圾投扔点，每天早晚两次定时开放。即便在大雨天，大家也能准时准点有序地投扔垃圾。

在《上海市生活垃圾管理条例》正式实施三年前的2016年，上海市绿容局在长宁和徐汇两个区域三种不同类型的住宅小区逐步进行垃圾分类试点，惠工新村就是首批试点小区之一。除了规定"定时定点"投扔垃圾，惠工新村还在垃圾厢房外安装了监控，并创建了垃圾分类的"红黑榜"，将监控捕捉到的违规投扔垃圾的截屏在小区进行公示。惠工新村始建于20世纪90年代，曾是上海一家老缝纫机厂的家属院，如今184户住户中，有三分之二以上的住户是彼此相熟的老同事。在摄像头和"红黑榜"叠加的双重压力下，居民内心的自觉被唤起。很多情况下，治理小型熟人社会不需要制定过于繁缛的规章制度，轻盈小巧的工具反而能事半功倍。没过多久，惠工新村居民不再需要监督，垃圾纯净度攀升至虹梅街道榜首。这套模式取得成功后，整个上海开始推广施行。

鸡蛋最终还是从外向内打破了。上海垃圾分类的例子，证明了高水平的文明实践，是一个从"外力倒逼"到"内心认同"的过程。小小的摄像头和"红黑榜"，由外向内打破了数百名中老年人几十年的生活习惯。当然，在这场变革中起到决定性作用的是城市管理者颁布"史上最严"的垃圾分类法的决心。

决心是驱使制度变革、城市转型的基石。转型时间长短，与国家制度、城市规模、治理难度和治理方法有关，转型成败则取决于城市的决心。

休斯敦是美国得克萨斯州东南部的一座城市，创建于1836年。它有着全球最重要的海港之一，也是世界著名的医学中心和航空中心。休斯敦因其丰富的石油资源被称为"世界石油之都"和"世界能源之都"，同时也是全球著名的太空城。

20世纪初，休斯敦附近的斯宾德尔托普发现了石油，引发一波石油热潮。随后，休斯敦成为新的石油和油田设备开发中心。为了更有效地挖掘、运输和加工石油，休斯敦挖通了直通墨西哥湾的海运航道，并建立了休斯敦港。20世纪30年代，得州东部再次发现大油田，休斯敦的工业化进入了另一个高潮。在市场需求的刺激下，休斯敦石油产业经历了三次发展与扩张，带动了相关辅助产业的发展。然而，世界原油价格暴跌，给休斯敦带来了巨大的冲击：失业人口大量增加、政府税收锐减、经济陷入一片萧条。这也暴露了城市经济过度集中于某一产业的弊端。休斯敦通过石油开采速度的减缓、剩余资源的再次利用和石油产品的深加工，延长了石油产业链，维持了石油产业的稳定性。此外，休斯敦政府也下定决心，引导城市经济多元化发展。

休斯敦采取了优惠的土地使用和税收政策，吸引了电子、机械制造等多种行业的大企业落户，这两项政策至今在全美仍具有吸引力。后来，美国决定将宇航与控制中心落户休斯敦，使该市知名度大增。此外，休斯敦的学校、医院、技术交流中心兴旺发达。例如，全美最大的肿瘤治疗和研究中心从其他城市迁移到这里，并得到了极大的发展。石油与石油化工产业占该市的经济份额大幅下降，多种支柱产业在该市共领风骚，使该市成功地转型为综合型的工业城市。

虽然由于国情不同，上述案例无法模仿，经验也不可照搬，但是人家权衡利弊、解决问题的思路可供我们学习借鉴。正所谓"办法总比困难多"，能否源源不断地找到解决困难的办法，关键还是在于你的决心够不够。

波兰南部有个城市叫卡托维兹，是联合国教科文组织认可的"音乐创意城市"，也是"欧洲电竞之都"。在卡托维兹的大街小巷，随处可见音乐工作室、文创工作坊和电竞培训中心。每年，来自欧洲各地的大批青年到此参加各类文化活动。

卡托维兹曾经也是个资源型城市。19世纪以来，卡托维兹就是欧洲煤炭产业基地之一，产煤量占波兰总产量的90%以上。长期的煤炭开采，加上波兰经济在20世纪90年代的衰退，导致卡托维兹经济破败、人口流失、环境污染严重。波兰中央统计局公布的数据显示，2012—2014年，当地年轻人的失业率达到了25%。卡托维兹承受着城市转型振兴的巨大压力。

卡托维兹地处边境地区，波兰、德国、捷克等国的文化在此碰撞交流，加上这座城市的基础设施比较完善，且拥有良好的文化产业基础，于是市政府将发展文化创意产业作为振兴城市和推动可持续发展的大方向。

2013年，作为电子竞技领域顶级赛事之一的英特尔极限大师赛在卡托维兹举行，市政府看到了电竞产业的发展前景。随后，市政府全力支持举办电竞赛事，积极发展配套服务产业，使卡托维兹最终成为英特尔极限大师赛的重要比赛场地。

除了承办电竞赛事，卡托维兹还积极融入欧洲音乐市场，推动音乐产业发展，增加相关就业机会，吸引了大量欧洲青年音乐人到此发展。卡托维兹创建了名为"音乐枢纽"的孵化所，为青年音乐人打造发展平台、提供咨询服务。现在，卡托维兹每年举办20多个音乐节，其中几个主要的音乐节为该市创造了数百万欧元的经济收入。联合国人居署高度评价卡托维兹在城市转型、经济转型、生态责任、都会发展、活动举办等领域取得的瞩目成就，称赞其实现了从能源城市到文化创意城市的"华丽转身"。从一个煤炭大市成为电竞之都、音乐之都，这件事很多城市想都不敢想。

城市转型需要持之以恒的决心、深思熟虑的顶层设计和数十年的坚守。淄博城市转型的落脚点不会是旅游产业，但淄博之所以欣然接受网友们对它贴上的"旅游城市"的标签，或许是要表达一种探索新领域的积极态度。流量携手游客进城后，一些本就存在、曾想解决但受制于各种条件而没有解决的问题，被人们看到、提出、戳破，很快便得到解决。借外人之手，打破内在的僵局，这是真正的管理智慧。智慧都是逼出来的，是被一届又一届城市管理者的决心逼出来的，也是被竞争逼出来的。

淄博石油炼化产业基础扎实，占据了全市60%的工业总量。2022年，淄博全市规模以上化工企业营业收入突破3600亿元，经济规模和综合竞争力居全省前列。淄博不开采石油，原油供应主要靠一个关系紧密的伙伴——东营。在全国262个资源型城市中，不少城市是依靠开采石油和炼化产业发展起来的，东营市便是其中之一。东营距离淄博有100多公里，两地之间埋藏着几条重要的输油管道。例如董家口东线输油管道，起点为青岛市西海岸新区董家口输油站,终点为东营市东营输油站,管道途经淄博。东营胜利油田的原油全部留在山东境内,形成了中国石化"鲁油鲁炼"的总体局面。

在1961年华北石油勘探队发现并打出"华八井"之前,东营几乎一片荒芜。石油的亮相,彻底改变了东营在历史上的定位。发酵了数亿年的自然遗产从千米以下的地下源源不断地喷涌上来,滋养着东营的经济。石油为世界注入了新的能量,也让东营这座城市的腰板儿硬了起来。20世纪80年代初,胜利油田让东营成为全国闻名的采油工业重镇,这里的铁罐车和管道线整日忙碌着,将原油及其衍生品运至临近城市。

根据2022年统计数据,东营人均GDP远高于济南、青岛、烟台和淄博。可是,靠石油资源撑起经济大盘的东营,未来的路将怎样走?

我们享受着优越环境营造的舒适感,也受困于由此形成的惰性。久而久之,我们对环境变化不再敏感,甚至丧失了反应机能。不管"温水煮青蛙"理论是否被科学界认同,它阐明的道理对改革是有深刻启发的。城市变革,仅靠一个人甚至一代人的决心是不够的。要实现城市发展目标,需要形成全民共识、统一全民步调、确立全民决心,需要一届届管理者、一代代市民再接再厉,攻坚克难。所以,经常把"转型"挂在嘴边的人,或许并不了解它是一项多么艰难的长期事业。

刍议触发式变革

成都是一个个体经济发达的城市。2022年12月，成都市市场监管局印发《关于实施包容审慎信用监管支持个体工商户高质量发展的十条措施》，提出了"有事必查、无事不扰"的监管方法，规定无法定事由不能随意开展检查，减少对个体工商户正常经营活动的干扰。同时，成都还启用了轻微违法行为容错机制，将首次逾期未年报的个体工商户纳入"首违不罚"清单。

触发式监管是一种被动的执法模式，通俗点说，就是"你不违法，我不找你"。监管部门被动一点，个体工商户就自在一些。

监管方式的被动，是为了城市服务和改革的主动。包括眼下的淄博，有人投诉，触发了相应机制，城市立即响应，在响应中发现自身问题、提高服务水平、进行改革。例如，有人举报商家哄抬物价，监管部门立即处置；有人表示停车位不够，政府机关、事业单位立即开放免费停车位；有人希望改善游客乱扔垃圾的问题，志愿者们立即现身景点，引导游客文明观光。淄博还建立了"您码上说·我马上办"民意平台，人们有任何不便或发现任何问题，都可以随时扫码提出，政府会全力办好。这种自我找碴儿、自我更正的机制，可以称作触发式变革。

组织变革，是一个心之所向、行却难至的历史难题。20世纪40年代，心理学家库尔特·卢因提出了一个理论：对于公司来讲，需要先"解冻"现有状态，然后进行变革，随后保持新状态。在卢因的启发下，哈佛商学院教授约翰·P.科特为变革管理建立了一个框架，即《领导变革》一书中提出的"领导变革八步法"。这个模型被证明较有影响力，目前被广泛使用。这八个步骤是：树立紧迫感、组建领导团队、设计愿景战略、沟通变革愿景、善于授权赋能、积累短期胜利、促进变革深入和成果融入文化。

变革很难吗？理论上一点都不难。但如果照搬理论，那就是真难了。理论是人类独有的伟大作品，但理论不是万能的，尤其不擅长治疗复杂多样的有关城市治理的疑难杂症。城市改革通常要从实践中产生智慧。

淄博张店区和平街道的一些居民曾反映："社区工作人员和居民上下班时间相同，居民到社区办事，不请假不行，挺愁人。""上班没时间，下班没地方"让居民很为难。居民上班时间不好改，那就让居委会改办公时间。经多方调研和征求意见后，和平街道将社区的工作时间调整为早八晚九的"延时服务"。"延时服务"在不少城市社区、银行网点等都已推行许久，一些城市还率先推行了中小学"延时服务"。城市小学生放学一般在三点半到四点半之间，而家长下班时间一般在五点之后。所以很多孩子放学后由"小饭桌"托管机构的老师代接，家长下班后再把孩子接回家。为了与家长下班时间保持一致，部分学校试行了"延时服务"，即四点半放学后，学校继续组织开展各项活动，方便家长接孩子。此举得到了多数家长的支持。

触发式变革在12345市民服务热线的督办机制中也有体现。市民反映的一些问题，倒逼基层快速响应并且高质量办结，实现治理的灵敏性和目标性。以北京为例，2020年，北京12345市民热线服务中心受理的1103.94万件群众来电中，由话务人员直接解答655.23万件，占比约59%；通过派单方式处理448.71万件，占比约41%，其中大部分诉求是由区级部门和街道乡镇部门办理的。北京利用市民服务热线广泛的市民参与度和政府关注度形成强大的外部压力，倒逼基层单位不断增强变革能力，提升了治理水平。一些基层单位还探索出了"社区成长伙伴计划""街巷小管家"等经验。在这一过程中，群众更加积极主动地参与社会治理，扮演"问题发现者""治理参与者""结果评判者"等角色。市民参与程度越高，城市治理效果越好。

触发式变革是管理者主动创造机会，借助外力倒逼内部变革。这与约翰·P.科特"领导变革八步法"理论中的"树立紧迫感"很相似。触发变革的机会是多样的，比如外部的竞争环境、新的政策法规、供需错配等。此次淄博各项服务能力的提升改革，就是由客流量大、接待服务能力严重不足的形势触发的。管理者要对触发点予以全面分析和评估，确定变革的目标、范围、内容和实施计划，更重要的是在过程中改变组织成员的认知，引发旧体制、机制裂变。

变革的启动键，通常被一次偶然事件按下，与之关联的结构因素进而被迅速激活，产生连锁反应。"学子赴淄烧烤"按下的启动键，触发了淄博一系列优化交通、保障治安、文旅惠民等自我改良的行动，接着又触发了全国各城市对社会治理改革的讨论与思考。城市变革往往"自外部打破"，从"找碴儿"开始，在组织内部引发警报，倒逼组织成员为改善自身处境而做出变革行动——这个"找碴儿"、警报拉响与行动的过程，恰好为管理者提供了开放性极强、直达问题本质的观察与思考的机会，能让管理者更好地研究矛盾、纠正错误、抓住变革主动权并推进变革。

人口回流之势

人口流动，也是触发城市变革的核心要素之一。

2018年，淄博被挤出"人口净流入城市"阵营，人口规模小幅缩减。为防止人口外流趋势加剧，淄博将人才工作提上重要议程。2020年，淄博开启"三年十万大学生集聚计划"。2022年，淄博发布"淄博人才金政50条"，启动了"二十万大学生集聚行动"，力争用五年时间，新引进大学生二十万人。

2023年3月，淄博参加"山东—名校人才直通车"北京站引才活动，市委书记马晓磊先后在北京大学、清华大学做城市推介和青年人才政策宣讲，向广大学子发出诚挚邀约，期待更多青年才俊拥抱淄博、筑梦淄博。马晓磊热情洋溢地发出邀请：2023年"五一"期间，淄博将对北大、清华在校生免除景区门票和指定酒店的住宿费用，欢迎学子们来淄博听韶乐、访聊斋、踢蹴鞠、品鲁菜。

2023年4月26日，《中国青年报》发布的文章《一共400个名额！清华北大学生"淄博行"线路定了》称："近日，清华大学学生职业发展指导中心、北京大学学生就业指导服务中心分别发布'淄为你 博未来'就业体验淄博行活动的相关报名通知。"活动共分为四条主题线路，将23个就业体验参观点纳入体验行程，包括13家科技创新平台、高新技术企业和工业旅游示范点以及10家代表淄博文化旅游特色的文博场馆。参观企业包括新华制药、齐鲁石化等。据了解，为兑现清北两校学生本次免费游的承诺，淄博人社部门还牵头成立了"淄为你 博未来"就业体验淄博行工作专班办公室。

人口流动大、人才缺口大不仅仅是淄博的难题。近十年来，我国各地产业结构、城市规模以及人口迁徙的新变化、新特征促使各城市频出"狠招"，拉人头、抢人才成为常态。

据第七次全国人口普查数据，我国城镇化率达到63.89%，流动人口数量约为3.76亿人。部分城市的流动人口比例已稳定超过10%，符合社会学意义上"移民城市"的特征。随着对人口流动现象的认知不断深化，政府施行的政策也从"加强管理"转向"服务提升"。人口流动过程中，农民从乡村向城市的流动占了大头。在首轮城乡二元较量和人口争夺战中，城市彻底胜出。

除了城乡流动，人口跨市、跨省流动也是一大趋势。以山东为例，山东近年来跨市流动人口半数以上去了青岛、济南、烟台，而菏泽、临沂、枣庄、济宁、聊城和德州等近半数地级市都是"走得多、来得少"的人口净流出城市。青岛是跨市、跨省人口流入的大赢家，2021年，青岛常住人口较2020年增加了15.1万，增量位于全国第四。这一年青岛出生人口为5.68万人。也就是说，新增的15.1万人口中，约三分之二是从别的城市"拉人头"得来的。

有关数据证明，在我国人口出生率持续下降、死亡率上升的大趋势下，人口自然增长对城市常住人口增长的贡献越来越小。根据深圳市统计局发布的国民经济和社会发展统计公报，2022年，深圳常住人口为1766.18万人，相较于2021年的1768.16万人减少1.98万人，是深圳1979年建市以来人口首次出现负增长。再看上海。对比2021年，上海2022年全市常住人口减少了13.54万人。人口自然增长上不去，各城市只能想方设法地从别处"拉人头"。

那么，"逃离"一线城市的人，都去哪里了呢？

第六次人口普查数据显示，全国31个省级行政区（不含港澳台地区）中，人口净流出地区有17个。人口流失最多的是安徽省——有962.3万安徽人在其他地区生活或工作，占全国跨省流动人口的11.2%。从2013年开始，安徽连续五年外出人口回流。2017年，安徽人口变动情况抽样调查显示，跨省外流人口为1057.5万人，外出人口回流8.5万人。2020年，安徽人口回流2万人，2021年增加至9.7万人，对常住人口增长贡献率由18%大幅上升为97%，回流趋势明显。此前人口回流主要是因为进城务工人员重返户籍所在地，近两年则是在新冠疫情等多重因素的影响下，东南沿海城市的务工者返回原籍。回乡后，他们在本省继续从事非农业工作。

你回乡不要紧，大不了我再跑到你家门口，把你喊回来。2022年12月中下旬，用工大省广东组织多家企业和人力资源机构，前往中山市劳务工的重要来源地——广西，面对面"拉人头"。据了解，三个月间，广东与重点劳务输出省开展各种招聘对接活动累计2000场以上，由此拉开了跨省"抢人大战"的序幕。

比国内拉人头战争更激烈的，是全球人才争夺战。

早在20世纪三四十年代，美国从逃离欧洲特别是纳粹德国的难民中挑选了3000多名科学家——他们在二战时期美国研制原子弹的过程中发挥了突出的作用。美国给出的条件是优越的工作条件和生活环境。这批科学家中，有出生于德国的物理学家爱因斯坦、意大利科学家费米、丹麦物理学家尼尔斯·玻尔等。二战后，美国又将纳粹德国陆军试验站的火箭专家运回。1952年和1965年，美国先后两次修订移民法，优先批准各种专门人才尤其是科技人才入境。据统计，在1965—1975年入境美国的170万移民中，专业技术人士高达38万人。众所周知，世界上第一颗原子弹就是依靠这些外国科学家研制成功的，空间技术亦是如此。美国用"土星"V型火箭实现的"阿波罗"载人登月计划，是在德国火箭专家冯·布劳恩的领导下获得成功的。显然，这些移民科学家对美国的贡献是不可估量的。

培养一个杰出人才要耗时数十载，且成本高昂。然而，如同美国这般挖其他国家的墙脚，予以专业技术移民者未来可期的事业发展机会和优越的生活条件，让其为己所用，成本远低于自己培养人才。一场长达百年的全球科研人才争夺战由美国拉开了序幕，且愈演愈烈。随着全球政治经济格局急剧变化、科技竞争日益激烈，在新冠疫情的持续影响下，发达国家相继发布了面向未来5—10年的科技创新战略，战略重点之一，就是拉拢杰出人才。例如，新加坡发布《研究、创新与企业计划2025》，拟投入250亿新元用于解决更广泛的国家需求，完善科学基础，推动技术转移，引进研究与创新能力强的世界人才；韩国发布《第四期科学技术人才培养与支持基本计划（2021—2025年）》，聚焦于打造引领创新的"科技人才强国"；日本发布《第六期科学技术与创新基本计划》，声称2021—2025年，政府研发投资总额将达到30万亿日元，通过官民合作实现政府和民间的研发投资总额将达到120万亿日元，2025年，大学、国家科研机构与企业的共同研究金额将比2018年增加70%；欧盟实施第九期《"地平线欧洲"计划》，计划投入的资金总额高达千亿欧元，用于支持三大支柱"卓越科学""全球挑战与欧洲工业竞争力""创新欧洲"和一个基础支撑"扩大参与并加强欧洲研究区建设"，以将欧洲科技提升至全球领先地位。

在全球人才争夺战的大背景下，我国各城市的人才引进政策也频放大招。各级党委组织部把引进人才工作纳入领导干部考核指标，提出"日常调度""书记项目""述职评议"等措施，要求"一把手"争取一手人才资源。

随着港珠澳大桥胜利竣工，珠海成了内地唯一与香港、澳门同时陆路相连的城市。2019年11月，一份《粤港澳大湾区人才发展报告》称，尽管珠海城市人口规模不大，但认定的高级人才在常住人口中的占比仅次于深圳、香港。2023年2月，《2022年度珠海市博士博士后创新榜单蓝皮书》发布，获评的十大青年博士、博士后创新人物平均年龄35岁，8人曾入选国家、省、市级重大人才工程。珠海市政府同步配套人才激励政策，对符合条件的博士人才给予25万元生活补贴，对博士后人才最高给予90万元的生活和住房补贴。此外，对入选珠海市高层次人才者，给予最高300万元的奖励和住房补贴。

而淄博不仅针对高端人才，还对硕士生、本科毕业生、专科毕业生等发放综合生活补贴和购房补贴，对中专和中级工补贴1.8万元，大专和高级工补贴3万元，本科和预备技师补贴6万元。观察各城市的人才引进结构，其发展定位、产业结构可见一斑。

城市对于人口、人才之争，最后的筹码是城市给人的安全感、尊重感和幸福感，以及对所有市民一视同仁的人文关怀。互联网让全国人民认识了淄博，淄博释放的城市人文魅力也会转化为人才吸引力。

山东省委宣传部一篇名为《淄博：全力打造"一座最有爱的城市"》的文章，用朴实的文字描述了淄博人习以为常的画面：清晨5点钟，环卫工人在"爱心驿站"里喝着热汤；"大盛小串羊蝎子"店主信贵梅为深夜求职的小伙送上热饭；在送外卖途中救助摔伤母子的最美外卖骑手路易樊正在送餐；热心救助晕倒女孩的果蔬店老板娘孙立娜在看店；无偿为山区孩子送网课的最美教师谢晓莹正在上课……

　　传统观念中的"市民"，其必要条件是拥有本市户籍，从事非农业生产，并且在城区有住宅。大中专院校的学生、外来务工者甚至在城郊生活的人都算不上市民。而今，城乡边界模糊，户籍标签渐成历史，每一个生活在城市的人，都应被同等对待，尤其是那些由农村迁入的务工者、个体从业者以及跨省、跨市参与城市建设的异乡人。

　　21世纪之初，在淄博张店区洪沟路、世纪路附近等地，每天都会聚集几十甚至几百名从周边县市赶来找零工的农民工。这些"马路零工市场"是附近农民找活干的最好的供需对接平台。如果没找到活儿，有人晚上就会去火车站前面的广场上对付一宿。"家里孩子要上大学、买房，有活儿的话一天挣一百五六十块，也不算少了。"进城打零工，是附近农民提高家庭收入、供养子女上学的唯一途径。

　　近几年，"马路零工市场"的条件得到改善。按照国家统一部署，2022年7月，淄博成立了首家公益性就业服务平台零工市场。零工市场内配置了食堂、浴室、医务室等配套设施，为灵活就业群体提供"随时有住处、随时有水喝、到点有饭吃、就业有登记、闲时有娱乐、欠薪有帮助"的"六有"服务。从马路到宽敞的服务大厅，让众多"漂"在城市里的外来务工者有了不同程度的归属感。人间自有真情在。

　　在一些高档住宅小区，物业规定禁止外卖骑手的电瓶车进入。所以骑手每一次送外卖要先在门卫处登记，然后徒步进入小区送餐。某天，有人突然发现，淄博某小区专门为外卖骑手设立了"小哥驿站"。某小区物业公司称，电动车进小区，业主意见很大，外卖小哥徒步配送则消耗体力，效率很低。于是，小区便采购了统一形象的"外卖换乘自行车"供外卖小哥使用，他们可以将餐食放到专用车篮，骑自行车进小区送餐。据了解，这是淄博市城市管理局的一项部署。根据淄博市城市管理局下发的《关于开展"打造暖心物业 服务外卖小哥"活动的通知》，淄博各区县要指导物业服务企业在小区里增设"外卖驿站""小哥驿站"，更好地为外卖小哥和广大居民提供便捷。截至2023年5月中旬，淄博全市已在137个住宅小区设立"小哥驿站""外卖驿站"，在61个小区设立送餐地图，在19个小区配置送餐自行车67辆。2023年8月，淄博某社区为外卖骑手提供3元午餐、8元理发等贴心服务的画面又让人们感到一股暖意，打造"最有爱的城市"果然不是挂在嘴边的空话。

　　务工者进城不易，融入城市社会更难。由于户籍制度限制，城市公共服务对进城务工者的开放程度有限，社区服务也未将非城市户籍人口纳入其中。而且，外来务工者在受教育程度、文化背景方面与大部分城市居民存在较大差异，难以被社会接受，只能长期囿于同乡圈子或务工圈子里。

　　话说回来，明知城市制度和文化"不友善"，为什么农民仍乐此不疲地进城"遭罪"呢？因为大家坚信，想要过上优越的生活，不是要把农村建得更漂亮，而是要去城里。数亿农民怀揣"脱农"的梦想展开了大迁徙。进城，并非是因为农民厌倦了日出而作、日落而息的农耕生活，而是因为城乡分治造成的巨大的落差感。农民进城获得城市居民身份的路径通常有三个：高考、参军和在城市购房。前两者是农村家庭子女的选择，后者是失去了念大学、参军机会的农民进城生活的主要通道。进了城就能获得城市户籍吗？实际上，居住数年依然未能将户籍迁入城市者比比皆是，他们成为统计学上所谓的"人户分离人口"。"人户分离人口"即居住地与户口登记地所在的乡镇街道不一致且离开户口登记地半年以上的人口。

农民进城，起初被制度拒绝，之后被文化排斥，如今受到政策欢迎，却仍要承受很多无形之手摇摆着说"不"。令人担忧的是，农村社会空间遭到城市发展的挤压，村庄空心化、人口老龄化、生态环境恶化等问题严重。所以，很多人把希望寄托在乡村振兴战略上，期待"农业农村现代化"尽早实现。

城市命运共同体

城市是人的城市，人口流动、关系亲疏、意志分合决定着城市命运的走向。

城市中的个体、组织或者政府职能机构，因血缘、亲缘、分工或者利益结合在一起，形成了多样性的复杂系统。城市治理需要得到这个复杂系统中各个社会角色的认同。一个没有共识的城市，规模越大，给人的安全感和归属感越弱，城市治理成本也越高。

19世纪末，西方学者质疑城市社会的高度分工，指责高度分工造成人的情感表达"片段化"，破坏了人际交往的完整性和连续性，使人的内心愈加孤独和无助。如今，互联网信息撞击形成的"碎片化社会"问题，引发了当代人无尽的忧虑。人们在各种互联网社交场景之间切换角色，让原本有血有肉有灵魂的生活逐渐成为由无数碎片拼凑成的立体拼图，产生的疏离感和孤独感更加深重。

俗话说,"远亲不如近邻",而碎片化社会中的近邻"这么近",却又"那么远"。

该怎样修复碎片化造成的损伤、重构当代城市社会的人际关系体系呢?2017年左右,"命运共同体"开始出现在城市治理理论研究之中。陈忠在《城市社会:文明多样性与命运共同体》中指出:"城市是多种功能的统一,是一种综合性的空间性、制度体、意义体。保持城市的空间弹性、制度弹性、意义弹性,并以此为基础,把握城市的类型构成与历史,建构城市命运共同体,对于城市社会的健康发展而言,是意义重大的。"顾名思义,城市命运共同体是指居民在共同生活中形成的一种紧密联系和相互依存的社会关系。

2019年1月,习近平总书记在中央政法工作会议上提出"打造人人有责、人人尽责的社会治理共同体"。[①] 党的十九届四中全会进一步提出"建设人人有责、人人尽责、人人享有的社会治理共同体"。研究员高仁认为:"共同体,简而言之就是指社会成员在社会互动的基础上,依据一定的规范结合而成的大集体,在这个大集体中,社会成员之间有共同遵守的制度、共同认同的价值、共同追求的利益等。"笔者以为,城市的本质就是一种共同体,是各类社会角色紧密联系、相互依存的空间与功能共同体。

成都是较早提出和践行"城市命运共同体"理念的城市之一。

成都与淄博的人口规模、经济体量差距悬殊,地域文化差异甚大,但在"城市命运共同体"观察视角之下,两者之间却有不少相同的气质。例如它们尤其注重基层治理和社区建设,皆有独特的城

---

① 《习近平:全面深入做好新时代政法各项工作 促进社会公平正义保障人民安居乐业》,摘自《人民日报》,2019年1月17日。

市消费文化，都曾摘得网红城市桂冠，并且都几次蝉联全国文明城市。截至2019年年末，成都市辖4351个城乡社区，近2万个小区，"万人小区"超过200个。早在2017年8月，成都在全国率先设立了市委城乡社区发展治理委员会，从顶层设计入手，建立党组织统一领导的城乡社区发展治理新机制。委员会主要负责牵头制定全市城乡社区发展治理的中长期目标和阶段性任务、构建城乡社区发展治理政策体系并推动落实等工作。

据该委员会负责同志介绍，委员会的工作抓手之一，就是建立城市命运共同体体系："我们把城市发展大战略聚焦到城乡社区这个小场域，构建社区价值共同体、治理共同体、生活共同体、发展共同体、行动共同体，初步实现城市有变化、市民有感受、社会有认同。"成都定义的城市命运共同体，其逻辑思路和践行方法，包含以下五个维度。

第一，价值的共同体。建立"让城市生活更美好"的共同价值追求，将城市发展战略聚焦在城乡社区这个基本单元来落地。第二，治理的共同体。重构城市治理体制机制，设置"城乡社区发展治理委员会"来统筹分散在几十个部门的基层职责，探索镇（街道）、村（社区）体制机制改革，理顺职责分工体系，推动党的组织体系向治理的末梢延伸。第三，生活的共同体。将社区作为改善服务、优化供给、满足需求的基本平台。以"15分钟—10分钟—5分钟"步行半径为基准，建设"天府之家"社区综合体、社区党群服务中心、居民小区服务站三级服务阵地。第四，发展的共同体。针对市民缺乏存在感以及社会分化趋势严重等问题，一体化推进城市发展成果的全民共享，以此修复人际关系鸿沟。第五，行动的共同体。把城市重大战略、重要决策、重要赛事等，内化为全体市民参与城市发展的行动自觉，全面激发城市共建共治共享活力。

把城市治理的逻辑起点布局在社区，以价值共识为中心唤起共同治理行动，无疑是缓解社会分化问题、修复人际关系碎片化的明智选择。成都提出和践行"城市命运共同体"后不久，以"未来社区"为主题的浙江城市治理计划也落地了。

"四千精神"和"二千现象"皆出自浙江，浙江藏富于民，私营和个体经济发达。2021年，浙江人均GDP位列全国第三名。不同于成都模式，浙江提出的新模式基于老旧社区的改造，是在城市社区更新进程中重建未来邻里关系。2019年，浙江省《政府工作报告》中首次提出"未来社区"，这是一次新的创新实践。2023年1月，浙江省人民政府办公厅颁布的《关于全域推进未来社区建设的指导意见》提出，"到2025年，全省累计创建未来社区1500个左右、覆盖全省30%左右的城市社区"，"到2035年，基本实现未来社区全域覆盖，打造共建共享品质生活的浙江范例"。

未来社区是按照《中共中央国务院关于支持浙江高质量发展建设共同富裕示范区的意见》建设的基本单元。为了提升住区的品质，浙江对全省20世纪70至90年代建设的住宅进行改造，形成具备教育、低碳、环保、创业、养老等板块的混合型、多样型的服务模式。解决过去重建设轻人文、邻里关系淡漠等痛点，强化社区开放空间共享和邻里文化打造，营造交往、交融、交心的人文氛围，引领社会重返"远亲不如近邻"的邻里场景。

邻里关系是城市"陌生社会"的人际基础，也是社区治理的重点内容。2023年7月13日，关于济南市天桥区堤口路某小区住宅火灾现场的一条视频传遍社交平台。视频中，某户住房冒着滚滚浓烟，一个小女孩骑在窗边求救，一个邻居大哥见此情景，冒着生命危险徒手爬楼，将孩子带到较安全的位置，等待消防员救援。网友们见此情景，不由得称赞这个名叫许亮的救人者是"中国好邻居"。邻里是否会施以援手，取决于你日常与邻里相处时的态度。而未来社区与一般社区最明显的差异在于，它将配备大量的公共配套设施，例如邻里中心、托幼养老场所、社区卫生服务站等，能够较好地满足居民对于美好生活的向往。

在谋划和建设未来社区的过程中，要打破条条框框的限制。一个个彰显地方特色的未来社区百花齐放、连点成片，最终将塑造出一座高品质的城市。这样的城市既能记住过去，又能看见未来。

浙江各城市提出了独具特色的未来社区创建主题，例如"重建熟人社会""溶解社区与城市边界""塑造花园般的生活""营造有烟火味的社区"等。

城市治理工作任务进一步聚焦到社区，基层工作会不会愈加繁重？一般来说，社区工作有两类，一类是行政性工作，另一类是服务性工作，包括调解邻里矛盾、协调有关水电热力等事无巨细的诉求。党的十九届四中全会通过的《中共中央关于坚持和完善中国特色社会主义制度、推进国家治理体系和治理能力现代化若干重大问题的决定》中，构建基层社会治理体系这一部分说得很清楚："推动社会治理和服务重心向基层下移，把更多资源下沉到基层，更好地提供精准化、精细化服务。"由此推断，基层工作或将越来越多，而且标准将越来越高。

网格化治理是我国城市在社区治理工作中探索出的宝贵经验。它以街道社区为基础，把辖区细分为若干网格，以地理空间覆盖社会治理单元，明晰责任、精细管理模式。然而，网格化治理依然是一种自上而下的管理模式，并不能彻底破解"上面千条线，下面一根针"的难题。

为基层减负，实现敏捷化和个性化治理的唯一出路，就是实现扁平化的社区高效自治。关于城市命运共同体，成都起了个题目，浙江绘制出画面，淄博来了场现场直播。淄博画面让人们看到了自上而下的默契、自下而上的自觉以及丝丝入扣的精细化治理，让人直观地感受到何谓共同体。

成都、浙江、淄博展示出城市基层治理的应有之貌，深圳则给出了现代化城市发展的未来景象——"到本世纪中叶，深圳以更加昂扬的姿态屹立于世界先进城市之林，成为竞争力、创新力、影响力卓著的全球标杆城市"。

什么样的城市可以称为"全球标杆城市"？美国哥伦比亚大学社会学教授萨斯基娅·萨森于1991年提出"全球城市"这一概念并给出了相应的评价方法。她认为，"全球城市"指在社会、经济、文化及政治层面可以影响全球事务的城市，符合这一标准的城市只有三个，即英国伦敦、美国纽约和日本东京，随后又增加了法国巴黎。据公开资料，纽约建市有300多年历史，东京建城超过500年，伦敦和巴黎建城更是历史久远。在它们面前，设市不足50年的深圳，有望跻身"全球城市"之列，成为世界标杆吗？虽然年轻，深圳却是踏着社会主义市场经济改革的节拍崛起的，40余年来经济增速已跑赢全球。与香港相比，可以更清晰地看到这一点。1979年，香港GDP约为深圳的700倍；1990年，香港GDP仍相当于"北京+上海+广州+深圳"的三倍多；到了2018年，香港GDP为28 453.17亿港元，同年深圳GDP为24 221.98亿元人民币。以2018年人民币兑港元平均汇率1.1855计算，深圳GDP超过了香港，成为粤港澳大湾区排名第一的城市。据深圳市的统计数据，2013—2021年，深圳GDP年均增长7.9%。只要保持目前的增速，到21世纪中叶，其经济总量比肩伦敦、纽约、东京和巴黎是有希望的。习近平总书记指出，"深圳是改革开放后党和人民一手缔造的崭新城市，是中国特色社会主义在一张白纸上的精彩演绎……这是中国人民创造的世界发展史上的一个奇迹"。[①]

把社区作为管理逻辑的起点和终点，建立协商共治的机制和形式，是治理思维上的创新。或许经历了淄博的流量洗礼和对城市治理的大讨论，或许在不久的将来，会有更多城市以共同体的视角治理城市，打破传统的管理条块，以卓有成效的实践成果，提供优秀的社会治理蓝本。

[①] 《深圳经济特区建立40周年庆祝大会隆重举行 习近平发表重要讲话》，摘自《人民日报》，2020年10月15日。

后　记

城事在人

第二把火

2023年7月19日，刀郎新专辑《山歌寥哉》发行，其中一首"神曲"意外地点燃了淄博的第二把火。该专辑中的《罗刹海市》借用了《聊斋志异》中的同名故事，讲述了一个"以丑为美"的小国家，嘲笑了颠倒是非的社会现象，具有强烈的讽刺意义，引起网络热议。专辑走红后，网上兴起一股阅读经典文学的热潮，各地游客络绎不绝地前往《聊斋志异》作者蒲松龄的故居——坐落在山东省淄博市淄川区蒲家庄的蒲松龄纪念馆。

游客们希望在这里亲身体验《聊斋志异》中的故事，了解蒲松龄的生平逸事，还在修缮中的蒲松龄纪念馆"被迫"对外开放。该景区用了短短几天时间便决定，从8月4日起部分对外开放，8月15日正式全部开放，并且80元的门票直接改为免费。

淄博为此开通了六条旅游公交专线，其中两条线路从淄博火车站和八大局便民市场南门到达聊斋城·蒲松龄纪念馆，另外四条线路由聊斋城直达淄川潭溪山、牛记庵、梓橦山和马鞍山四个景区。网友点赞道："有求必应，还得是淄博。"

在淄博烧烤和《聊斋志异》两拨话题的助攻之下，鲁中工业城市淄博一不留神成了热门城市，关于淄博话题的全民大讨论不绝于耳。然而，讨论的重点并非美食，也不是聊斋故事，而是其城管执法、文明创城、个体经济、基层治理、物价房价等竟都是"恰到好处"，精描细绘出人人向往的美好生活画面。人们对淄博讨论得甚是热烈，于是，数十个地方政府派员悄然赴淄"学艺"了。

最早的访客来自与淄博同有"烧烤之城"美誉的辽宁锦州。如果论资排辈，锦州烧烤"出圈"早于淄博。锦州是东北地区重要的老工业基地城市。20世纪60年代，锦州被国家命名为"大庆式新兴工业地区"，创造了新中国第一只晶体管、第一根锦纶丝、第一滴人造石油、第一朵塑料花、第一座电子轰击炉、第一块人造水晶大板等21项"新中国第一"的产品。

2018年，锦州因一部纪录片《人生一串》（第一季）而被全国人民知晓。节目播出后，"锦州"两个字跟着热了一阵，但很快淡出了大众视野。时过境迁，五年后人们再谈起烧烤，鲜有人还记得锦州，烧烤业的流动红旗被挂到了淄博。锦州当即召开"学习与反思"的主题研讨会，并派出调研组，两度前往淄博学习。

2023年4月中旬，锦州市凌河区委书记马晓春带队赴淄博调研。从成员名单看，不仅有商务、市场部门负责人，住建部门负责人也在其列。这说明淄博的城管执法、市容市貌管理也是他们考察的目标。几天后，锦州又派出一支队伍，由太和区副区长和招商五局局长潘涛带队赴淄博、潍坊等地考察，不过这次考察重点应该是招商引资。锦州考察了淄博在提振消费、对外来游客的服务保障等城市管理方面的经验做法。同一时期进淄调研的还有河北定州、天津市河北区、河南信阳等地的有关部门和行业协会。

各城市相继派员进淄考察，想从淄博这本教材里了解哪些知识点呢？很显然，大家希望透过现象看到本质，看看淄博为这场消费盛宴和城市治理行动做了哪些制度准备、管理动员和预警方案。比如，就淄博的政府及企事业单位开放共享厕所这一现象，游客看到的是文明与方便，专家看到的是精细管理，而各城市的考察者更希望了解的是淄博的部门协作机制、奖补政策和常态化运行模式。

南阳和淄博同属资源型城市。2023年4月25日，河南省南阳市社科联和南阳日报社联合召开了一场"淄博现象"研讨会，呼吁全市社科工作者把准时代脉搏，紧紧跟上时代节拍，主动"触网""用网"，对网上热点主动发声、及时发声，积极引导舆论，善于用互联网语言解疑释惑，传播南阳声音，讲好南阳故事。

濮阳也是一个典型的资源型城市。2023年5月初，河南省濮阳市下辖的清丰县成立专题调研组赴淄博考察学习，随后撰写的考察报告在网上热传。报告从流量传播视角还原了淄博成为网红城市的经过及关键环节，认为互联网已成为品牌价值传播的重要平台，领导干部需要不断提升"触网"能力，持续提高网上舆论引导水平，让网络为己所用。如果淄博不是积极回应了网友们热情的留言，就不会产生接连不断的热门话题。对于这篇调研报告，濮阳市委书记万正峰在批示中写道："淄博烧烤'出圈'背后有很多值得我们学习研究思考借鉴的地方——抓住年轻人、用活互联网、造势燃爆点等等，需要认真吸收消化，创新升华，推动濮阳文旅站上新风口。"

据笔者粗略统计，对淄博现象兴趣浓厚并展开深入研究的城市，要么同属矿产丰富的资源型城市，要么也是肩负工业转型历史使命的老工业城市。2023年6月8日，湖南省株洲市政府研究室调研组对外发布《"淄博烧烤"引发的消费思考》一文。文章称，城市资产是最大、最宝贵的资源，是城市活力和竞争力的体现。既要盯紧GDP增长，又要盯牢整座城市资产的保值增值——要千方百计让市民手上的资产不闲置、不贬值，让整座城市的资产活起来、用起来。

除了上述城市，还有部分城市考察者相继来访但未与政府部门联系，这些人员皆轻车简从，考察方式多为街头随机采访、自行观摩交流。倒不是因为淄博不愿意做接待工作，实在是从全国各城市来考察的人员太多了。没有调查就没有发言权，没有真实的数据，就不会有准确的决策，这种随机交流、明察暗访的形式或许更容易让调查者取得真经。

淄博的火，是从市井烧起来的，市井经得起明察暗访，体现的是城市治理的"及格线"。"四不两直"是国家安全监管总局实施的一项安全生产暗查暗访制度，即不发通知、不打招呼、不听汇报、不用陪同接待，直奔基层、直插现场。这项制度让检查由明转暗，大大减轻了基层的压力，让基层从迎"检"中脱身出来，有更多的时间和精力去真抓实干。

还有一个值得思考的方面，各路考察小组或许没有意识到：在城市火了以后，淄博的管理者是怎样做到不"抢镜"的？全体公务人员和市民口径一致、行动齐整，是怎样实现的？淄博城市管理者把卖烤串的老板、卖鸭头的小哥、蒸包子的大姨、传菜的胖墩儿都请到台前当主角，自己躲到幕后当"剧务"了。在此期间出来露脸的"官方代表"顶多是文旅部门负责人、社会组织的负责人。政府十分清楚，只有这些人才能讲好淄博故事，并且创造新故事，形成新热点。淄博作为东道主，学会了在聚光灯下隐身。据笔者观察，2023年上半年，除了提供与统计工作、创城工作相关的必要信息，从淄博市委、市政府到各区县、各部门，没有任何一家单位为这场城市"大秀"邀功。正所谓"功成不必在我"。对于城市管理者的风格和政府工作的风气，不需要媒体大肆宣传，人民百姓也能够切身感受到。所以，地方党媒做宣传工作，要少用形容词把城市描绘得天花乱坠来装饰发展政绩，有事说事即可。

城市，究竟是谁的城市？

1984年、1994年、2004年和2014年，是影响我国城市发展命运的四个关键年份。1984年5月4日，中共中央、国务院批转《沿海部分城市座谈会纪要》，决定进一步开放天津、上海、大连、秦皇岛、烟台、青岛等14个沿海港口城市。同年10月，党的十二届三中全会通过了《关于经济体制改革的决定》，标志着我国经济体制改革的重心由农村转向城市。此外，我国乡村的社队企业也于1984年正式更名为乡镇企业，随后十余年间，乡镇企业异军突起，极大程度地推动了农村地区的城镇化进程，沿海地区更是诞生了大量新兴的小城镇。1994年，我国启动分税制改革，倒逼土地财政迈出历史性的一步，为城市基础设施建设、房地产市场的演变进程奠定了基础。2004年3月，国土资源部和监察部联合下发了"71号令"，要求同年8月31日之前，地方政府将国有土地历史遗留问题处理完毕，土地市场转入"招拍挂"时代。2014年，中共中央、国务院印发《国家新型城镇化规划（2014—2020年）》，明确了未来城镇化的发展路径、主要目标和战略任务，统筹相关领域制度和政策创新。

回望城镇化发展历史，看看眼前的淄博、远方的成都、肩负"全球标杆"使命的深圳以及国内外形态各异的大小城市，我们不禁要问：城市，究竟是谁的城市？很显然，城市不是地产商的城市，不是工业企业的城市，也不是城市管理者的城市。城市是人民的城市，是人类共同的城市。而今，城市作为"人类赖以生存的家园"这一定位越来越凸显。据联合国发布的研究报告，截至目前，全球约有55%的人口生活在城市，这一比例将于2050年达到68%。我国城市人口预计还会增加2.5亿人左右，城市作为经济、人口、文化竞争主战场的地位也会被进一步巩固。

城市化是大势所趋，城市治理是考验管理者的长久命题，过去是，现在是，未来也是。城市治理是一项复杂的管理行为。现代城市及其管理是一个开放的复杂系统，具有多主体、多层次、多结构、多形态、非线性的特性。从理论层面看，现有的区域经济学、人口社会学、公共管理学无法单独或协作完成城市问题系统研究，即便是新兴学科城市经济学、城市管理学也难当此任。从实践层面看，管理好城市比管理好任何一个组织、一个行业甚至更高级别的行政区域更具挑战性。城市是众多组织、行业、行政区的集合体，每一个具体的管理动作都要动机合情、程序合法、结果合乎预定目标。在城市规模扩张、城乡融合和经济社会要素的动态变化影响下，城市运行规律并不容易被人掌握，甚至很多时候，积极的行动反而会激发负面反应。

感谢淄博为我们探讨城市问题提供了一个良好的观察窗口。自

2023年3月起，淄博被赋能，淄博人民萌生了从"网红"走向"长红"的美好愿望。可惜的是，流量的特性决定了它根本不会长期停留于一个话题，淄博火了三个月后渐渐恢复平静，但笔者认为，淄博已经创造了城市发展史上的一个奇迹。本书并不是迎合网络趣味剖析怎样炮制一座网红城市，而是站在我国"城市经济体制改革全面展开四十年"的新起点上，以案说法，讨论城市舆情管理、城市经济多样性、城市良法善治、城市改革与转型等影响城市现代化发展的关键问题，探索城市治理的科学方法论，进而引发一些共性思考。

其一，在舆情管理方面，城市是互联网话题的主要取材地。看似平常的政治活动、文化现象、邻里纠纷或者公共服务改革事件，随时都有可能被互联网无限放大，甚至会影响城市的命运。互联网舆情是城市无法回避的治理难题之一，它考验着城市的网信工作经验、应急管理机制和管理决策智慧，考察着舆情背后的城市治理基础水平。淄博详细展示了在疫情后经济复苏期的背景下，主动发起消费热点话题、培育积累流量、合理分发流量、树立市场信心、做大文旅消费的过程，并且展现了城市"十年磨一剑"的环境治理、公共秩序、文明建设的功底，引发了流量蝴蝶效应，实现了线上线下双赢。本书揭示了"爆发式"流量背后的技术支持和运动特征，探讨了城市防范负面舆论风险、将网络注意力转化为消费能力并产生持续影响的科学方法。

其二，城市经济系统的复杂性决定了它的研究难度超出了其他经济领域，目前尚没有哪个学科能独立地、完整地表述城市经济的规律和特征。产生于20世纪60年代的城市经济学，其学科体系至今仍不够成熟，缺少学界共识。讨论城市经济问题时，有人侧重于产业研究，常落入产业经济学设计的逻辑框架；有人侧重于人口、就业、消费研究，最终使之成为人口经济学选题；也有人以房地产市场为研究重点，结果又归入土地经济学范畴。本书相关章节以案说法，从城市全局审视各类经济形态的经济价值和社会价值，试图启发大家对于城市经济体系新的理解与认知。例如，本书重点介绍学界较少关注的个体经济、日趋多样的新型公共服务等，它们虽有商品形态，但本质上有别于商品经济，甚至难以纳入国家统计范畴。

其三，"人情社会"是我国城市法治建设必须正视的文化现象。人情本身不是贬义词，只有违背了道德的人情问题、裹挟公权的人情问题和破坏了公平正义的人情问题才会造成社会危害。在长期的地方立法改革与创建全国文明城市的实践中，我国城市逐渐形成了情理与法理兼具的治理特色。本书通过城市基层工作实例证明，良法善治是城市治理重要的目标。法中有情，情中有法。人情并非法治的对立面，两者是一种依存关系，妥当的人情治理能对法治建设起到关键的促进作用，将进一步化解城乡"二元分治"的矛盾，使市民更有获得感、幸福感和安全感。

其四，我国各类城市经历了不同的成长轨迹，画出了千城千面的改革路线。从多个资源型城市的改革与转型过程来看，城市环境治理、产业结构调整是一项艰巨的事业，而改变人们对城市根深蒂固的认知也很艰难。因此，本书部分章节探讨了文化元素、文旅消费、文明共建等"催化剂"对重构城市形象、活跃城市改革氛围的影响。本书以具体事例阐释了人口调控、环保治污、基础设施建设、住房保障、产业结构调整、促进投资与消费等城市改革领域问题的现状，分析了政策连续性、管理者决心与智慧在改革中的作用，并尝试提出"触发式变革"这一改革理念。

未来的几十年，人口、经济活动、社会和文化互动以及环境和社会之间的矛盾与冲突会越来越多地集中在城市，对城市住房、基础设施、健康、教育、就业、安全和自然资源等方面的可持续性发展会构成重大挑战，这将是我们无法回避的现实。对此，联合国人居署的框架文件《新城市议程》提出了未来城市发展的共同原则和愿景，即人人平等地使用和享受城市及人类住区，寻求促进包容性，确保今世后代的所有居民不受任何歧视，都能居住和建设公正、安全、健康、便利、负担得起、有韧性和可持续的城市和人类住区，以促进繁荣，改善所有人的生活质量。然而，目标是美好的，道路是曲折的。无论是对于即将到来的2035年，还是更远的2050年，我们都要满怀期待地赋予城市美好的想象力，同时也要更加努力地为共建宜居环境、共治社会难题和共享发展成果寻找城市治理的良方。